just five

Ainsley Harriott

just five

120 Rezepte
mit fünf Zutaten

Erstveröffentlichung: © BBC Books, an imprint of Ebury Publishing,
Random House Group Company, 2009

Deutschsprachige Ausgabe:
© 2009 VGS
verlegt durch EGMONT Verlagsgesellschaften mbH
Gertrudenstr. 30–36, 50667 Köln

1. Auflage
Übersetzung aus dem Englischen: Susanne Lück, Susanne Haeger für lückenlos, Köln
Lektorat und Satz: lückenlos, Köln
Umschlaggestaltung: Zero Werbeagentur, München
Umschlagfoto: Colin Bell/Ebury
Redaktion: Gabriele Kalmbach
Produktion: Simone Nauerth
Druck: C & C Offset Printing Company, China

ISBN 978-3-8025-3699-1

www.vgs.de

Inhalt

Weniger ist mehr!

Beim Kochen für die Familie und Freunde geht es vor allem um möglichst unaufwändige Mahlzeiten und beste Zutaten. Mir waren einfache und schnelle Rezepte, die dennoch das volle Aroma mitbringen, schon immer die liebsten. Aber die langen Zutatenlisten in vielen Rezepten sprechen eine ganz andere Sprache … Ich glaube, wir Köche konzentrieren uns oft viel zu sehr auf überraschende und ungewöhnliche Geschmackserlebnisse und vergessen ganz, wie viel Aufwand für Einkauf und Zubereitung wir unseren Lesern zumuten – wie oft ist es allein schon die hohe Anzahl der Zutaten, die uns von einem Rezept wieder abbringt!

Bei den Rezepten in diesem Buch braucht niemand großen Aufwand zu fürchten, nicht mal Kochanfänger: Kurze Einkaufslisten und kurze Zubereitungszeiten passen perfekt zum modernen Lebensstil vielbeschäftigter Hobbyköche mit wenig Zeit und kleinem Budget …

Um diesem Trend zu entsprechen, habe ich mich entschlossen, maximal fünf Zutaten (plus jeweils Salz, Pfeffer und Pflanzenöl) zu verwenden. Und nach 120 Gerichten war ich dann ehrlich begeistert, teils auch überrascht, wie gut es schmeckte! Mit so wenigen Zutaten tritt der Geschmack jeder einzelnen viel klarer hervor. Nichts wird überdeckt und kein Aroma erschlagen: Weniger ist mehr! Auch ein würziges Thai-Curry mit Rindfleisch kann mit nur fünf Bestandteilen gelingen – wenn Sie auf die richtige Kombination achten, die den Geschmack am besten unterstreicht.

Auch fantasievolle Desserts sind hier zu finden: das Schokoladenparfait mit frischen Himbeeren oder die Birnen mit Pekannüssen und Sirup – und für Freunde der Devise „frisch und einfach" empfiehlt sich ein Ananas-Carpaccio mit Chili-Maracujasirup. Begeisterte Bäcker probieren mein rustikales Walnuss-Rosinen-Brot oder die zarten Zitronen-Mürbeteig-Ecken.

Besonders Vegetariern hat die Fünf-Zutaten-Küche enorm viel zu bieten – wie könnte marktfrisches Gemüse besser zur Geltung kommen als in Kombination mit wenigen ausgewählten Zutaten, beispielsweise gegrillte Riesenchampignons mit Blauschimmelkäse?

Eine kurze Zutatenliste bedeutet, dass die meisten Rezepte ganz einfach sind. Und rasch zubereitet! Nur wenige erfordern etwas mehr Zeit – zum Marinieren, um das Aroma zu intensivieren, oder etwas längere Garzeiten im Backofen. Aber wer das Rezept vorher auf seine Zubereitungsdauer hin überprüft, hat damit auch keine Schwierigkeiten …

Sinnvoll ist auf jeden Fall, auf gut gefüllte Vorratsregale zu achten – mit den richtigen Zutaten können Sie im Handumdrehen immer leckere Gerichte zaubern. Also stets genug konservierte Tomaten, Hülsenfrüchte, Paprika und Artischocken in Olivenöl bereithalten, ebenso wie Kokosmilch, Vollkorn- und Risottoreis, Nudeln in diversen Formen, Brühwürfel oder Fonds im Glas, Pfefferkörner und Salz zum Mahlen, Rapsöl und natives Olivenöl.

Jedes Kapitel konzentriert sich auf bestimmte Grundzutaten – so kann die nächste Mahlzeit geplant werden, je nachdem, was sich noch im Kühlschrank befindet oder höchstwahrscheinlich im nächsten Supermarkt erhältlich ist. In jedem Kapitel gibt es fünf Rezepte zu einer solchen wesentlichen Zutat wie etwa Hähnchen, Eier und Käse oder Pilze (meines Erachtens eine schwer unterschätzte Zutat!)

Die Hauptabschnitte des Buches sind zwar nach Gebrauchsgruppen unterteilt – Vorspeisen, Vegetarisch, Fisch usw. – aber meine Rezepte sind flexibel einsetzbar. Die zwei Pasta-Kapitel sind perfekt für Abendessen unter der Woche geeignet. Als Hauptgerichte können auch sehr viele Rezepte aus den anderen Abschnitten dienen – bei den Vorspeisen muss einfach nur die Menge entsprechend erhöht werden. Und Vegetarier finden auch viele köstliche Anregungen im Vorspeisen-, Pasta- und Hülsenfrucht-Kapitel.

Ich habe die Arbeit an diesem Buch sehr genossen – und freue mich, wenn Sie ebenso viel Freude an ihren Ergebnissen haben!!

Ainsley Harriott

Vorspeisen und Snacks

Mit nur fünf guten Zutaten lassen sich ganz einfach feine Vorspeisen und leichte Mahlzeiten zubereiten, die fantastisch schmecken. Die folgenden Rezepte sind nicht nur ideal für einen kleinen Imbiss, sondern verringern auch den (Vorbereitungs)Stress, wenn Sie mal Gäste einladen wollen. Und mit mehreren dieser Snacks kann mühelos auch eine ganze Party bestritten werden.

Tapas und Häppchen

Frittierte Manchego-Käsewürfel

Die Käsewürfel sollten möglichst noch warm verzehrt werden.

1 3 EL Mehl

2 350 g Manchego (oder Ziegenkäse, Mozzarella oder Gruyère)

3 1 Ei

4 75 g Semmelbrösel, vorzugsweise von einem Ciabattabrot vom Vortag

5 1 EL frische glattblättrige Petersilie, gehackt

& Salz und frisch gemahlener schwarzer Pfeffer; Sonnenblumenöl, zum Frittieren

für 4–6 Personen als Vorspeise oder für Tapas

Eins Das Öl 5 cm hoch in eine tiefe, gusseiserne Pfanne geben und erhitzen. Das Mehl auf einen Teller geben und kräftig salzen und pfeffern. Den Manchego in 2 cm große Würfel schneiden und im gewürzten Mehl wenden.

Zwei Das Ei mit etwas Salz und Pfeffer in einer Schüssel verquirlen. Semmelbrösel und Petersilie in einer flachen Schale mischen. Die bemehlten Käsewürfel in die Eimasse tauchen und in den Semmelbröseln wenden. Die panierten Würfel vorsichtig in das heiße Öl geben (ggf. portionsweise) und 1–2 Minuten goldbraun frittieren. Mit einem Schaumlöffel herausnehmen, auf Küchenpapier abtropfen lassen und mit Cocktailspießen versehen. Auf einem Teller angerichtet sofort servieren.

Überbackener Räucherschellfisch

Mit einer Schüssel Salat und viel Ciabattabrot (für die köstliche Sauce) ergibt der Schellfisch auch ein hervorragendes Abendessen.

1 500 g geräuchertes Schellfischfilet, ohne Haut und Gräten

2 250 g Kirschtomaten, halbiert

3 4 Frühlingszwiebeln, geputzt und fein gehackt

4 250 g Crème fraîche

5 100 g Gouda (oder Cheddar), gerieben

& Salz und frisch gemahlener weißer Pfeffer; 1 EL Sonnenblumenöl

für 4 Personen als Vorspeise oder für 2 Personen als Hauptgericht

Eins Den Backofengrill vorheizen. Den Fisch in vier gleich große Stücke schneiden. Das Öl in einer Pfanne erhitzen. Die Fischstücke darin 2–3 Minuten anbraten, dann wenden und je nach Dicke weitere 1–2 Minuten durchbraten.

Zwei Kirschtomaten und Frühlingszwiebeln in die Pfanne geben und leicht im Öl anschwenken. Die Crème fraîche zugeben. Nach Geschmack mit Salz und Pfeffer würzen und erhitzen, bis die Crème fraîche einmal kurz aufgekocht ist. Die Fischstücke mit einem Pfannenwender in feuerfeste Portionsförmchen heben und die Kirschtomaten-Frühlingszwiebel-Sauce darübergeben. Mit dem Gouda bestreuen und unter dem vorgeheizten Grill 2–3 Minuten goldgelb überbacken. Die heißen Formen auf Serviertellern reichen.

Grüner Spargel mit Mascarpone und Parmesan

Ein schönes Gericht für die Spargelsaison im Frühjahr und eine ideale Vorspeise für Ihre nächste Dinnerparty, denn sie kann sehr gut im Voraus zubereitet werden. Den schwarzen Pfeffer frisch im eigenen Mörser zu zermahlen ergibt ein wesentlich volleres Aroma, aber natürlich tut es auch fertig gemahlener Pfeffer.

❶ 20 Stangen grüner Spargel, geputzt
❷ 250 g Mascarpone
❸ 50 g frisch geriebener Parmesan
❹ 1 Ciabattabrot, diagonal in Scheiben geschnitten
& Salz und frisch zerstoßener schwarzer Pfeffer

für 4 Personen als Vorspeise

Eins Den Backofengrill vorheizen. Den Spargel in einem Topf mit kochendem Salzwasser 1 Minute blanchieren, dann mit einem Schaumlöffel herausnehmen und sofort in einer Schüssel mit Eiswasser abschrecken. Auf Küchenpapier gut abtropfen lassen.

Zwei Den Mascarpone in einer Schüssel glattrühren und zwei Drittel des Parmesans untermischen. Großzügig mit zerstoßenem schwarzem Pfeffer würzen.

Drei Die Spargelstangen auf vier kleine Auflaufförmchen verteilen und die Mascarponecreme darauf verstreichen. Mit dem restlichen Parmesan bestreuen.

Vier Die Auflaufförmchen unter dem vorgeheizten Grill 3–4 Minuten überbacken, bis die Mascarponecreme hellbraune Blasen wirft.

Fünf Die heißen Förmchen auf Servierteller stellen und mit Ciabatta-Scheiben servieren.

Grapefruit-Rucola-Salat mit Lachs und Röstpaprika-Dressing

Der heiß geräucherte Stremellachs hat ein besonders intensives Aroma.

1 2 Grapefruits rosé

2 100 g Rucola

3 250 g Stremellachs, in grobe Stücke zerteilt

4 1 geröstete rote Paprika aus dem Glas, abgetropft

5 2 TL Weißweinessig

& Salz und frisch gemahlener schwarzer Pfeffer; 6 EL natives Olivenöl extra

für 4 Personen als Vorspeise

Eins Die beiden Grapefruits schälen und filetieren, dabei alles Weiße entfernen. Den Rucola auf Teller verteilen, die Grapefruitfilets darauf anrichten und die Lachsstücke darübergeben.

Zwei Röstpaprika, Essig und Olivenöl in einem kleinen Mixer zu einem glatten Dressing verarbeiten. Mit Salz und Pfeffer abschmecken und über den Salat geben.

Klippfischpüree mit Bauernbrot

Den Kabeljau 1–2 Stunden (sehr trockenen Fisch bis zu 24 Stunden) wässern, das Wasser dabei mindestens zweimal erneuern. Der Fischfachhändler hilft dabei sicher auch gern weiter.

1 150 g gesalzener getrockneter Kabeljau, eingeweicht (siehe oben)

2 125 g Crème double

3 2 Knoblauchzehen, geschält

4 1 kleines Bauernbrot, in Scheiben geschnitten

5 Zitronenspalten, zum Servieren

& Salz und frisch gemahlener schwarzer Pfeffer; 125 ml natives Olivenöl extra, plus zusätzlich, zum Beträufeln

für 4–6 Personen als Vorspeise oder Tapas

Eins Den gewässerten Fisch in einem Topf mit etwas Wasser 10 Minuten pochieren. Abgießen und in grobe Stücke zerteilen, dabei Haut und Gräten entfernen.

Zwei Unterdessen Olivenöl und Crème double in einem Topf zum Kochen bringen. Pochierten Fisch und Knoblauch in die Küchenmaschine geben, das Gerät einschalten und langsam die heiße Öl-Sahne-Mischung zugießen, bis ein festes Püree entsteht. Abschmecken – es kann

gut sein, dass kein Salz nötig ist. In eine Schale füllen, mit Olivenöl beträufeln und mit frisch gemahlenem Pfeffer bestreuen. In der Mitte einer Servierplatte anrichten.

Drei Eine Grillpfanne stark erhitzen. Die Brotscheiben darin auf jeder Seite 1–2 Minuten anrösten, bis dunkle Streifen entstehen. Mit etwas Olivenöl beträufeln und rund um das Fischpüree anrichten. Alles mit Zitronenspalten garniert servieren.

Suppen
und Salate

Tomatensuppe mit Räucherspeck

Diese einfallsreiche Kreation aus frischen Tomaten ist besonders im Herbst zu empfehlen, wenn Tomaten Saison haben. Aber auch Dosentomaten sind verwendbar. Die Suppe schmeckt auch gekühlt serviert an heißen Sommertagen!

1. 2 große Zwiebeln, fein gehackt
2. 350 g geräucherter durchwachsener Bauchspeck, gewürfelt
3. 2 Knoblauchzehen, geschält und fein gehackt
4. 1,75 kg reife Tomaten, grob gehackt, oder 4 Dosen (je 400 g) Tomaten oder eine Mischung aus beiden
5. 2 EL Tomatenmark
&. Salz und frisch gemahlener schwarzer Pfeffer; 3 EL Olivenöl

für 4–6 Personen als Vorspeise

Eins 2 Esslöffel des Öls in einem großen Topf erhitzen. Zwiebeln, Speck und Knoblauch darin unter gelegentlichem Rühren 10 Minuten anbraten, bis die Zwiebeln weich und die Speckwürfel gar und leicht gebräunt sind.

Zwei Tomaten und Tomatenmark unterrühren und nach Geschmack mit Salz und Pfeffer würzen. Aufkochen und unter gelegentlichem Rühren 15–20 Minuten köcheln lassen, bis die Aromen sich gut verbunden haben. Die Suppe mit dem Stabmixer oder portionsweise in der Küchenmaschine glatt pürieren und anschließend durch ein feines Sieb streichen.

Drei Die passierte Suppe in einen sauberen Topf geben, abschmecken und auf kleiner Stufe erhitzen. Auf Suppenschalen verteilen, mit dem restlichen Olivenöl beträufeln und großzügig mit frisch gemahlenem schwarzem Pfeffer bestreuen. Die Schalen auf Servierteller stellen und so servieren.

Erbsensuppe mit feiner Minzenote

Eine leichtere Variante kommt mit nativem Olivenöl statt saurer Sahne aus.

❶ 2 Schalotten, fein gehackt
❷ 500 g tiefgekühlte Erbsen
❸ 6 frische Minzeblätter
❹ 1 l Gemüsebrühe
❺ 4–6 EL saure Sahne, glattgerührt
& Salz und frisch gemahlener schwarzer Pfeffer; 2 EL Olivenöl

für 4–6 Personen als Vorspeise

Eins Das Öl in einem Topf erhitzen. Die Schalotten darin unter gelegentlichem Rühren 5 Minuten glasig dünsten, aber nicht bräunen. Erbsen und Minze zugeben und gut vermengen. Die Brühe zugießen und zum Kochen bringen. Nach Geschmack mit Salz und Pfeffer würzen. Unter Rühren 3 Minuten köcheln lassen, damit sich die Aromen verbinden.

Zwei Die Suppe mit dem Stabmixer oder portionsweise in der Küchenmaschine glatt pürieren. Zurück in den Topf geben, abschmecken und auf kleiner Stufe erhitzen.

Drei Die Suppe in vorgewärmte Suppenschalen füllen. Auf jede einen Klecks saure Sahne geben. Großzügig mit frisch gemahlenem schwarzem Pfeffer bestreuen und sofort servieren.

Borschtsch-Apfel-Suppe

Vorgekochte Rote Bete sind im Glas erhältlich, aber Sie können sie auch problemlos selbst garen (siehe S. 23).

❶ 2 Zwiebeln, fein gehackt
❷ 500 g gekochte Rote Bete, geschält und gewürfelt
❸ 1 Granny-Smith-Apfel, geschält, ohne Kerngehäuse und gewürfelt
❹ 1 l Gemüsebrühe
❺ 4–6 EL Crème fraîche
& Salz und frisch gemahlener schwarzer Pfeffer; 2 EL Olivenöl

für 4–6 Personen als Vorspeise

Eins Das Öl in einem großen Topf erhitzen. Die Zwiebeln darin unter gelegentlichem Rühren 5 Minuten glasig dünsten, aber nicht bräunen. Nach Geschmack salzen und pfeffern.

Zwei Rote Bete und Apfel in den Topf geben, gründlich umrühren und 1–2 Minuten anbraten, dann die Brühe zugießen, zum Kochen bringen und würzen. Herunterschalten und 10 Minuten köcheln lassen, bis Rote Bete und Apfel ganz weich sind.

Drei Die Suppe mit dem Stabmixer oder portionsweise in der Küchenmaschine glatt pürieren. In einen sauberen Topf geben, abschmecken und auf kleiner Stufe erhitzen. Die heiße Suppe auf Servierschalen verteilen und mit je einem EL Crème fraîche servieren.

Rote-Bete-Orangen-Salat

Besonders aromatisch schmeckt der Salat zu Sardinen und Baguettebrot.

1 500 g Rote Bete, gewaschen, abgetrocknet, ohne Blattansatz
2 3 große Orangen
3 1 TL Weißweinessig
4 100 g Brunnenkresse, ohne holzige Stängel
5 1 kleine rote Zwiebel, in dünne Ringe geschnitten
& Salz und frisch gemahlener schwarzer Pfeffer; 4 EL natives Olivenöl extra

für 4 Personen als Vorspeise

Eins Den Backofen auf 190 °C vorheizen. Ein großes Stück Alufolie dünn mit Meersalz bestreuen. Die Rote Bete darauf verteilen, fest in der Folie verschließen und im Ofen 45–60 Minuten backen, bis sie sich mit einem Messer weich stechen.

Zwei Unterdessen Schale und Weißes von zwei der Orangen entfernen und die Filets auslösen, dabei den Saft auffangen. Die dritte Orange auspressen. Orangensaft, Essig und Öl in einer Schüssel verquirlen. Nach Geschmack mit Salz und Pfeffer würzen.

Drei Das Folienpaket mit der Roten Bete aus dem Ofen nehmen, öffnen und leicht abkühlen lassen. Die noch warmen Knollen mit einem kleinen Messer schälen, dann in grobe Stücke oder Scheiben schneiden. Rote Bete, Orangenfilets, Brunnenkresse und Zwiebelringe auf einer Platte oder Einzeltellern anrichten und mit dem Dressing angerichtet servieren.

Bunter Röstpaprika-Salat mit Basilikum

Die Paprika zum Schälen in einer abgedeckten Schüssel abkühlen lassen.

1 4 große rote Paprika
2 4 große gelbe Paprika
3 1 EL Balsamico-Essig
4 1 Knoblauchzehe, geschält und zerdrückt (nach Belieben)
5 1 Handvoll frische Basilikumblätter
& Salz und frisch gemahlener schwarzer Pfeffer; 3 EL natives Olivenöl extra

für 4–6 Personen als Vorspeise

Eins Die Paprika unter dem vorgeheizten Backofengrill unter regelmäßigem Wenden 20–30 Minuten rösten, bis sie schwarze Blasen werfen. In einer großen, mit Frischhaltefolie abgedeckten Schüssel vollständig abkühlen lassen, dann die Haut abziehen, dabei den Saft auffangen. Samen und Stielansätze entfernen, das Fruchtfleisch in Streifen schneiden und beiseite stellen.

Zwei In einer Schüssel Olivenöl, Balsamico, Paprikasaft und Knoblauch zu einem Dressing verquirlen. Nach Geschmack mit Salz und Pfeffer würzen. Die Paprikastreifen auf einer Platte oder Serviertellern anrichten und das Dressing darübergeben. Die Basilikumblätter in grobe Stücke zupfen und zum Garnieren verwenden. Den Salat zimmerwarm servieren.

Eier und Käse

Überbackener Käsetoast

Dieser walisische Klassiker ist auch in vielen anderen Kombinationen verwendbar. Ich streiche die Käsemischung gern über meine Lachspastete (siehe S. 130) oder überbacke damit gedünsteten Blumenkohl. Zu einer richtig abgerundeten Mahlzeit wird das „Welsh Rarebit" mit einer Beilage aus grünem Salat oder Spinat.

1 250 g pikanter Gouda oder Cheddar, gerieben
2 3 Eier
3 1 TL englischer Senf
4 einige Tropfen Worcestersauce
5 1 vorgebackenes Ciabatta-Brot oder 4 große Scheiben Weißbrot
& Salz und frisch gemahlener schwarzer Pfeffer

für 4 Personen als Snack

Eins Den Backofen auf 220 °C vorheizen. Den Käse in eine Schüssel geben. Die Eier trennen: das Eiweiß in eine zweite, große Schüssel geben, Eigelb zusammen mit Senf und Worcestersauce zum Käse zufügen und untermischen. Nach Geschmack mit Salz und Pfeffer würzen.

Zwei Das Eiweiß mit dem elektrischen Handrührgerät sehr steif schlagen. Einen Löffel Eischnee unter die Käsemischung rühren, um sie aufzulockern, dann vorsichtig den restlichen Eischnee unterheben.

Drei Das Ciabatta-Brot halbieren und die Hälften waagerecht aufschneiden bzw. das Weißbrot im Toaster leicht toasten. Die Brotstücke auf ein Backblech legen, die Käse-Ei-Mischung gleichmäßig darauf verstreichen. Im Ofen 10 Minuten goldbraun überbacken. Die Toasts schräg halbieren, auf Tellern anrichten und sofort servieren.

Filo-Körbchen mit Blutwurst und Blauschimmelkäse

Blutwurst passt geschmacklich perfekt zu Blauschimmelkäse. Griechischer Filoteig ist eine schöne Alternative zum Blätterteig – zu finden im gut sortierten Feinkosthandel. Statt Cashel eignet sich auch anderer Schimmelkäse.

❶ 50 g Butter

❷ 3 Blätter tiefgekühlter Filo-Teig, aufgetaut

❸ 200 g Blutwurst, ohne Pelle und in 8 Scheiben geschnitten

❹ 6 EL Zwiebelmarmelade (aus dem Glas)

❺ 100 g Blauschimmelkäse, zerbröckelt (Cashel oder Gorgonzola)

& 1 TL Sonnenblumenöl

für 4 Personen als Vorspeise

Eins Den Backofen auf 180 °C vorheizen. Die Butter in einem kleinen Topf oder in der Mikrowelle zerlassen und abkühlen lassen.

Zwei Den Filo-Teig entfalten, die Blätter vierteln und mit einem feuchten Geschirrtuch abdecken. 4 Ramequin-Formen (je 200 ml Fassungsvermögen) umgekehrt auf ein beschichtetes Backblech setzen.

Drei Ein Stück Filo-Teig mit Butter bestreichen und mit der gebutterten Seite nach unten über eine der Ramequin-Formen legen. Zwei weitere gebutterte Teigblätter jeweils leicht versetzt darüberlegen. Mit den übrigen Teigblättern und Formen ebenso verfahren.

Vier Die Filo-Körbchen im Backofen 10–12 Minuten goldgelb backen. Herausnehmen und leicht abkühlen lassen, dann die Körbchen vorsichtig aus den Formen heben und auf einem Kuchengitter vollständig abkühlen lassen.

Fünf Das Sonnenblumenöl in einer gusseisernen Pfanne erhitzen. Die Blutwurstscheiben darin auf jeder Seite 1 Minute leicht knusprig braten.

Sechs Je 1 gehäuften Esslöffel Zwiebelmarmelade in die Filo-Körbchen geben und 2 gebratene Blutwurstscheiben darauflegen. Mit dem Käse bestreuen. Die Körbchen auf ein Blech setzen und im Ofen 5–6 Minuten überbacken, bis der Käse zerläuft und Blasen wirft. Auf Tellern anrichten und mit je 1 Teelöffel Zwiebelmarmelade garniert servieren.

Zwiebel-Speck-Frittata

Eine meiner absoluten Lieblings-Frittatas stammt ursprünglich aus Sizilien. Die Süße der karamellisierten Zwiebeln ergänzt in diesem Rezept das Räucheraroma des Specks auf das Köstlichste. Die Frittata schmeckt kalt oder warm.

1 3 Gemüsezwiebeln, in dünne Scheiben geschnitten
2 175 g durchwachsener Bauchspeck oder Pancetta, in Streifen geschnitten
3 8 große Eier, verquirlt
4 50 g frisch geriebener Parmesan
5 2 EL frische glattblättrige Petersilie, gehackt
& Salz und frisch gemahlener schwarzer Pfeffer; 4 EL Olivenöl

für 4 Personen

Eins Die Hälfte des Olivenöls in einer großen Pfanne erhitzen. Die Zwiebeln hineingeben und zunächst bei recht starker Hitze unter ständigem Rühren andünsten, bis sie glasig werden (nicht bräunen). Dann auf mittlere Hitze herunterschalten und die Zwiebeln weiter dünsten, dabei häufig umrühren, damit sie nicht anhängen oder braun werden. Insgesamt benötigen die Zwiebeln etwa 1 Stunde zum Karamellisieren.

Zwei Speck bzw. Pancetta unter die karamellisierten Zwiebeln rühren und 3–4 Minuten anbraten, bis er knusprig zu werden beginnt. Alles in eine große Schüssel geben und mindestens 5 Minuten abkühlen lassen. Großzügig mit Salz und Pfeffer würzen.

Drei Den Backofen auf 180 °C vorheizen. Verquirlte Eier, Parmesan und Petersilie zu den Zwiebeln geben und gut umrühren – insgesamt sollte die Mischung etwa 1,25 l ergeben. Das restliche Olivenöl in einer feuerfesten, gusseisernen Pfanne (Ø 24 cm) erhitzen, die hoch genug ist, um die Eimischung aufzunehmen. Das Öl durch Schwenken gleichmäßig auf dem Boden und an den Seiten der Pfanne verteilen, dann die Eimischung hineingeben und bei schwacher Hitze 6–8 Minuten braten, bis sie am Boden und Rand gestockt ist.

Vier Die Pfanne im Backofen unabgedeckt 20 Minuten backen, bis die gesamte Frittata gestockt, leicht aufgegangen und zartbraun ist. Die Ränder mit einem Palettenmesser aus der Pfanne lösen, die Frittata in Stücke teilen und heiß oder kalt auf Tellern angerichtet servieren. Alternativ in kleine Würfel schneiden, mit Cocktailspießen versehen und zum Picknick, als Fingerfood oder auf einer Antipasti-Platte reichen.

Gruyère-Käsesoufflé

Am besten gelingt das Soufflé in einer richtigen Souffléform mit geraden Wänden. Es geht gleichmäßiger auf, wenn man vor dem Backen mit einem Messer am Rand entlangstreicht. Direkt aus dem Backofen genommen sollte das Soufflé noch nicht ganz fest sein, sondern innen leicht wackeln. Als Beilage zu diesem Gericht serviere ich gern Rucolasalat mit Essig und Öl.

❶ 25 g Butter, plus zusätzlich, zum Einfetten der Form
❷ 2 EL Mehl, plus zusätzlich, zum Bestäuben der Form
❸ 200 ml Milch
❹ 4 große Eier
❺ 75 g Gruyère, fein gerieben
& Salz und frisch gemahlener weißer Pfeffer

für 4 Personen

Eins Den Backofen auf 180 °C vorheizen. Eine Souffléform (1,25 l Fassungsvermögen) mit Butter einfetten. Etwas Mehl hineinstreuen und durch leichtes Schütteln der Form gleichmäßig auf dem Boden und an den Seiten verteilen. Überschüssiges Mehl herausklopfen.

Zwei Die Butter in einem Topf zerlassen, dann das Mehl zugeben und unter Rühren 1 Minute anschwitzen. Vom Herd nehmen und langsam die Milch mit dem Schneebesen einrühren, sodass eine glatte Sauce entsteht. Auf kleiner Stufe zum Kochen bringen und unter Rühren eindicken lassen. Nach Geschmack mit Salz und Pfeffer würzen und leicht abkühlen lassen.

Drei Die Eier trennen und das Eiweiß in eine große Schüssel geben. Die Eigelbe einzeln in die abgekühlte Sauce geben und jeweils gut unterrühren. 1 Esslöffel Käse zum Bestreuen beiseite stellen, den Rest zur Sauce zufügen und gründlich untermischen.

Vier Das Eiweiß mit dem elektrischen Handrührgerät steif schlagen. Einen großen Löffel von dem Eischnee unter die Sauce rühren, um sie aufzulockern. Dann die Sauce über den restlichen Eischnee geben und mit einem großen Metalllöffel vorsichtig unterheben. Nicht zu stark rühren! Die Masse in die vorbereitete Form füllen.

Fünf Das Soufflé mit dem beiseite gestellten Käse bestreuen. Mit einem Messer einmal zügig um den Rand der Soufflémasse fahren. Die Form auf ein Backblech setzen und im vorgeheizten Ofen 30 Minuten backen, bis das Soufflé goldbraun aufgegangen ist. Es sollte sich oben fest anfühlen, innen aber noch beweglicher und feucht sein. Das Soufflé direkt aus dem Ofen auf den Tisch stellen und die Gäste sich selbst bedienen lassen.

Brie-Quesadillas

Diese Quesadillas sind jederzeit ein willkommener Snack. Meine Freunde und ich mögen sie am liebsten, wenn es Fußball im Fernsehen gibt. Die Quesadillas lassen sich mit allem möglichen füllen, nicht nur mit Mango und Frühlingszwiebeln. Sie können sie bis zu 1 Stunde im Voraus zubereiten, wenn Sie sie danach mit Frischhaltefolie abdecken. Vor dem Servieren wärmen Sie sie dann nur kurz im Ofen auf.

1. 8 Weizentortillas
2. 350 g Brie, in dünne Scheiben geschnitten
3. 1 milde rote Chili, entkernt und fein gehackt
4. 1 reife Mango, geschält, ohne Kern, in dünne Scheiben geschnitten
5. 2 Frühlingszwiebeln, in dünne Ringe geschnitten
&. Salz und frisch gemahlener schwarzer Pfeffer; 4 TL Olivenöl, zum Bestreichen

für 4–6 Personen als Snack

Eins Den Backofen auf 200 °C vorheizen und eine Grillpfanne auf mittlerer Stufe sehr stark erhitzen. Eine der Tortillas auf einer Seite mit etwas Olivenöl bestreichen und mit der eingeölten Seite nach unten in die Pfanne geben. Die Tortilla mit einem Pfannenwender hineindrücken und 1 Minute anrösten, bis braune Streifen entstehen. Mit den restlichen Tortillas ebenso verfahren.

Zwei Die Hälfte der Tortillas mit der gerösteten Seite nach unten auf Backbleche legen. Den Brie in einer Schicht darauf verteilen, dann Chili, Mango und Frühlingszwiebeln darüberstreuen. Nach Geschmack mit Salz und Pfeffer würzen. Die restlichen Tortillas mit der gerösteten Seite nach oben darauflegen. Im Ofen 5 Minuten backen, bis der Brie zerlaufen ist. Die Quesadillas soweit abkühlen lassen, dass man sie anfassen kann, dann diese mit einem Brotmesser, Pizzaschneider oder einer Küchenschere in Achtel teilen. Auf vorgewärmten Tellern oder einer Servierplatte anrichten.

Nudeln, Getreide und Hülsenfrüchte

Diese drei Basiszutaten bilden die Grundlage vieler fantastischer Mahlzeiten – und alles, was man braucht, um sie zum Leben zu erwecken, sind wenige ausgewählte Zutaten. Wir alle haben unsere Vorlieben, aber ein paar von den weniger gebräuchlichen Sorten bringen willkommene Abwechslung.

Kurze Nudeln

Strozzapreti mit Hähnchen-Pestosauce

Pasta eignet sich hervorragend für all die Abende, an denen Sie fürs Kochen eigentlich gar keine Zeit haben. Das Wasser sollte richtig sprudelnd kochen. Strozzapreti sind längliche, von Hand gerollte Nudeln, die ursprünglich aus der Toskana und Umbrien stammen. Sie sind ein- oder dreifarbig erhältlich. Sollten sie nirgends vorrätig sein, eignen sich auch andere Formen.

❶ 350 g dreifarbige Strozzapreti

❷ 250 g Hähnchenbrustfilet, in mundgerechte Stücke geschnitten

❸ 300 g Crème double

❹ 4 EL küchenfertiges Pesto

❺ 6 EL frisch geriebener Parmesan

& Salz und frisch gemahlener schwarzer Pfeffer; 1 EL Olivenöl

für 4 Personen

Eins Wasser in einem großen Topf sprudelnd zum Kochen bringen. Eine großzügige Prise Salz hineingeben, die Strozzapreti zufügen, einmal umrühren und 15 Minuten bzw. nach Packungsanweisung *al dente* garen.

Zwei Unterdessen das Olivenöl in einer gusseisernen Pfanne erhitzen. Die Hähnchenstücke hineingeben, großzügig mit Salz und Pfeffer würzen und 2–3 Minuten rundum leicht bräunen. Die Crème double unterrühren und zum Kochen bringen, dann herunterschalten und köcheln lassen, bis sie um ein Drittel reduziert ist. Das Pesto unterrühren und die Sauce mit Salz und Pfeffer abschmecken. Das Fleisch sollte jetzt durchgegart und zart sein.

Drei Die Nudeln in einen Durchschlag abgießen und zurück in den Topf geben. Die Hähnchen-Pesto-Sahnesauce darübergießen und untermischen, dann zwei Drittel des Parmesans unterheben. Auf vorgewärmte Pastateller verteilen, mit dem restlichen Parmesan und etwas frisch gemahlenem Pfeffer bestreuen und sofort servieren.

Penne mit gegrillten Artischocken, Röstpaprika und Spinat

Dieses vegetarische Nudel-Rezept schmeckt am besten, wenn Sie die qualitativ hochwertigsten gegrillten Artischocken verwenden, die Sie finden. Das Öl der eingelegten Artischockenherzen sollten Sie auf keinen Fall verschwenden!

1 2 rote Paprika
2 350 g Penne
3 1 Glas (175 g) gegrillte Artischockenherzen in Olivenöl
4 1 rote Zwiebel, in dünne Scheiben geschnitten
5 100 g zarte, junge Spinatblätter
& Salz und frisch gemahlener schwarzer Pfeffer

für 4 Personen

Eins Den Backofengrill vorheizen. Die Paprika halbieren und mit der Schnittfläche nach unten auf ein Blech oder Gitter legen. 10–15 Minuten unter dem Grill rösten, bis die Haut schwarze Blasen wirft. In eine große Schüssel legen und mit Frischhaltefolie abgedeckt leicht abkühlen lassen. Dann Haut, Stielansätze und Samen entfernen, das Fruchtfleisch in Streifen schneiden und beiseite stellen.

Zwei Einen großen Topf Wasser sprudelnd zum Kochen bringen. Eine großzügige Prise Salz hineingeben, die Penne zufügen, einmal umrühren und 10–12 Minuten bzw. nach Packungsanweisung *al dente* garen.

Drei Unterdessen das Olivenöl von den Artischocken in eine große Pfanne abtropfen lassen und auf mittlerer Stufe erhitzen. Die Zwiebel darin 3–4 Minuten glasig schwitzen, aber nicht bräunen. Die Artischockenherzen vierteln und zusammen mit den Paprikastreifen in die Pfanne geben. Gut verrühren und erhitzen.

Vier Den Spinat zum Gemüse geben und ein wenig zerfallen lassen, dann die Pfanne vom Herd nehmen. Nach Geschmack mit Salz und Pfeffer würzen.

Fünf Die Nudeln abgießen. Dann zur Gemüse-Öl-Mischung geben und alles gründlich miteinander verrühren. Das Gericht auf vorgewärmte Pastateller verteilen und anschließend sofort servieren.

Penne mit Kürbis und Speck

Für dieses Rezept eignen sich sehr gut Hokkaido-Kürbisse, die nicht geschält werden müssen. Ansonsten passen kleinere Bio-Kürbisse – am Ende sollten ca. 500 g Kürbisfruchtfleisch zur Verfügung stehen.

1. 500 g Penne oder Rigatoni
2. 175 g geräucherter durchwachsener Bauchspeck, gewürfelt
3. 1 kleiner Kürbis (800 g), geschält, entkernt und gewürfelt
4. 4 EL frische, in feine Streifen geschnittene Salbeiblätter
5. 50 g frisch geriebener Parmesan, plus zusätzlich, zum Garnieren
&. Salz und frisch gemahlener schwarzer Pfeffer; 4 EL Olivenöl

für 6 Personen

Eins Wasser in einem großen Topf sprudelnd zum Kochen bringen. Eine großzügige Prise Salz hineingeben, Penne (oder Rigatoni) zufügen, einmal umrühren und 10–12 Minuten bzw. nach Packungsanweisung *al dente* garen.

Zwei Unterdessen das Olivenöl in einem Schmortopf erhitzen. Den Speck darin unter gelegentlichem Rühren 2–3 Minuten anbraten, bis er knusprig zu werden beginnt.

Drei Kürbis und Salbei zugeben und gut unter den Speck mischen. Nach Geschmack mit Pfeffer würzen, falls nötig auch salzen und alles dann unter gelegentlichem Rühren 4–5 Minuten braten, bis der Kürbis weich ist, aber noch nicht zerfällt.

Vier Die Nudeln abgießen und zur Kürbis-Speck-Mischung geben. Den Parmesan unterrühren und alles nach Geschmack mit Salz und Pfeffer würzen. Auf vorgewärmte Pastateller verteilen und mit etwas Parmesan und großzügig mit frisch gemahlenem Pfeffer bestreut servieren.

Orecchiette mit Schinken und Erbsen

Eine schöne Pasta-Idee, wenn ich noch etwas Schinken (oder auch Roastbeef) im Kühlschrank habe. Die Orecchiette sind buchstäblich im Handumdrehen zubereitet und prima Sattmacher an kalten Winterabenden. Die kleinen, in der Form entfernt an „Öhrchen" erinnernden Nudeln stammen aus der süditalienischen Region Apulien. Sie können auch durch Muschelnudeln ersetzt werden.

1 350 g Orecchiette
2 175 g tiefgekühlte junge Erbsen
3 175 g Kochschinken am Stück, gewürfelt
4 2 EL Sahnemeerrettich
5 4 EL frische glattblättrige Petersilie, grob gehackt
& Salz und frisch gemahlener schwarzer Pfeffer; 3 EL natives Olivenöl extra

für 4 Personen

Eins Wasser in einem großen Topf sprudelnd zum Kochen bringen. Eine großzügige Prise Salz hineingeben, die Orecchiette zufügen, einmal umrühren und 15 Minuten bzw. nach Packungsanweisung *al dente* garen.

Zwei Unterdessen die Erbsen in einem anderen Topf in kochendem Salzwasser 2–3 Minuten garen.

Drei Die Nudeln in einen Durchschlag abgießen und zurück in den Topf geben. Die Erbsen abgießen und zu den Nudeln geben. Schinken, Meerrettich, Petersilie und Olivenöl zufügen und alles gut mischen. Nach Geschmack mit Salz und Pfeffer würzen. Auf kleiner Stufe erhitzen, dann auf vorgewärmte Pastateller verteilen und sofort servieren.

Räucherlachs-Tagliatelle mit Parmesan-Sahnesauce

Ein so einfaches Gericht, und so ein raffiniertes Ergebnis! Die Grundregel, dass man nie Parmesan auf Pasta mit Fisch geben dürfe, kann hier getrost außer Kraft gesetzt werden. Mit küchenfertig gekauften Räucherlachs-scheiben geht es besonders schnell.

1. 350 g Tagliatelle (oder kurze breite Bandnudeln)
2. 200 g Räucherlachsscheiben
3. 4 EL frisches Basilikum, in Streifen geschnitten, plus zusätzlich, zum Garnieren
4. ~~300 g Crème double~~ *ohne zu fett? → 100ml süße Sahne schmeckt besser*
5. 6 EL frisch geriebener Parmesan, plus zusätzlich, zum Garnieren
&. Salz und frisch gemahlener schwarzer Pfeffer

für 4 Personen

Eins Wasser in einem großen Topf sprudelnd zum Kochen bringen. Kräftig salzen, die Tagliatelle zugeben und 10–12 Minuten bzw. nach Packungsanweisung *al dente* garen (nach 3–5 Minuten der Garzeit einmal umrühren).

Zwei Unterdessen den Räucherlachs in lange Streifen schneiden und mit dem Basilikum vermengen. Die Crème double in einem Topf zum Kochen bringen und unter gelegent-lichem Rühren 2–3 Minuten kochen und etwas eindicken lassen. Vom Herd nehmen und den Parmesan unterrühren, dann mit Pfeffer würzen. Der Käse sollte in der heißen Sahne-sauce komplett schmelzen.

Drei Die Nudeln abgießen, in die Parmesan-Sahnesauce geben und umrühren. Die Lachs-Basilikum-Mischung zufügen und mit einer Gabel untermischen. Auf vorgewärmte Pasta-teller verteilen und mit zusätzlichem Parmesan und Basilikum garniert servieren.

Spaghetti

Feurig-scharfe Spaghetti mit Brokkoli und Sardellen

Die Italiener kennen außer dem hier verbreiteten grünen Brokkoli mit Blättchen an den langen Stielen noch zwei andere Varianten: den helleren, einem Blumenkohl ähnlichen Calabrese und die violett anmutende Art mit vielen winzigen Röschen, die sie als Broccoletti bezeichnen. Für diese Nudeln eignen sich alle drei Sorten.

1 400 g violetter Brokkoli, geputzt und in kleine Röschen zerteilt

2 350 g Spaghetti

3 1 Dose (50 g) Sardellenfilets, abgetropft

4 2 Knoblauchzehen, geschält und in dünne Scheiben geschnitten

5 2 lange rote Chilis, entkernt und in dünne Ringe geschnitten

& Salz und frisch gemahlener schwarzer Pfeffer; 6 EL Olivenöl

für 4 Personen

Eins Wasser in zwei großen Töpfen sprudelnd zum Kochen bringen und je eine großzügige Prise Salz hineingeben. Den Brokkoli in einen Topf geben und 2–3 Minuten kochen, bis er gerade gar ist, dann abgießen und sofort unter fließendem kaltem Wasser abschrecken, damit er nicht nachgart. Die Spaghetti aufgefächert in den anderen Topf geben, einmal umrühren und 10–12 Minuten bzw. nach Packungsanweisung *al dente* garen.

Zwei Unterdessen Sardellen und Olivenöl in eine große Pfanne geben und auf kleiner Stufe erhitzen. Die Sardellen dabei mit einem Holzlöffel zerdrücken, bis sie fast vollständig zerfallen sind. Knoblauch und Chilis zugeben und unter Rühren 1 Minute andünsten. Den Brokkoli in die Pfanne geben und bei starker Hitze unter gelegentlichem Rühren 1–2 Minuten erhitzen.

Drei Die Nudeln abgießen und zurück in den Topf geben. Die Brokkolimischung zufügen und gründlich untermischen. Auf vorgewärmte Pastateller verteilen und großzügig mit frisch gemahlenem schwarzem Pfeffer bestreut servieren.

Spaghetti mit Walnuss-Pecorino-Pesto

Dieses Pesto ist eine nette Alternative zur üblichen Basilikum-Variante. Da hier aber alles von der Qualität der Walnüsse abhängt, bitte nur ganz frische verwenden! Auch als Beigabe in der Tomatensuppe oder unter der Haut eines Grillhähnchens wirkt es geschmackliche Wunder. Ich selbst verwende es auch häufig als Salatdressing oder Brotaufstrich zum Ziegenkäse.

1. 50 g Walnusskerne
2. 25 g frische glatte Petersilienblätter
3. 2 Knoblauchzehen, geschält und grob gehackt
4. 50 g frisch geriebener Pecorino, plus zusätzlich, zum Garnieren
5. 350 g Spaghetti
&. Salz und frisch gemahlener schwarzer Pfeffer; 125 ml natives Olivenöl extra

für 4 Personen

Eins Den Backofen auf 180 °C vorheizen. Die Walnüsse auf einem Backblech verteilen und im Ofen 8–10 Minuten leicht anrösten. Herausnehmen und vollständig abkühlen lassen.

Zwei Petersilie, Knoblauch und 1 Teelöffel Salz in der Küchenmaschine oder mit einem Wiegemesser sehr fein hacken. Pecorino und abgekühlte Walnüsse zugeben und kurz zerkleinern, dann langsam nach und nach das Olivenöl zugießen und alles zu einem dicken, homogenen Pesto verarbeiten. Nach Geschmack mit Salz und Pfeffer würzen.

Drei Wasser in einem großen Topf sprudelnd zum Kochen bringen und eine großzügige Prise Salz hineingeben. Die Spaghetti aufgefächert in das Wasser gleiten lassen, einmal umrühren und 10–12 Minuten bzw. nach Packungsanweisung *al dente* garen. Abgießen, zurück in den Topf geben und das Pesto darübergießen. Gründlich mischen, auf vorgewärmte Pastateller verteilen und mit etwas Pecorino bestreut sofort servieren.

Spaghetti mit pikanter Tomatensauce und Chorizowurst

Wenn Sie eine gute Chorizowurst verwenden, brauchen Sie diese Tomatensauce kaum noch weiter zu würzen. Am feinsten schmeckt die iberische Chorizo, die von frei laufenden Schweinen aus Dehesa in Westspanien stammt.

1 350 g Spaghetti
2 75 g Chorizowurst, in Streifen geschnitten
3 2 Knoblauchzehen, geschält und fein gehackt
4 ½ TL getrocknete Chiliflocken
5 400 g passierte Tomaten
& Salz und frisch gemahlener schwarzer Pfeffer; 2 EL Olivenöl

für 4 Personen

Eins Wasser in einem großen Topf sprudelnd zum Kochen bringen und eine großzügige Prise Salz hineingeben. Die Spaghetti aufgefächert in das Wasser geben, einmal umrühren und 10–12 Minuten bzw. nach Packungsanweisung *al dente* garen.

Zwei Unterdessen das Olivenöl in einer Pfanne erhitzen. Die Chorizowurst darin ein paar Minuten knusprig anbraten, bis sie ihr Fett abzugeben beginnt. Mit einem Schaumlöffel herausnehmen, dabei möglichst viel von dem roten Öl in der Pfanne belassen. Chorizo auf einem Teller beiseite stellen.

Drei Knoblauch und Chiliflocken in die Pfanne geben und unter Rühren 20 Sekunden anbraten. Die passierten Tomaten zufügen und 3–4 Minuten kochen und leicht eindicken lassen. Nach Geschmack salzen und pfeffern.

Vier Die Nudeln abgießen und zurück in den Topf geben. Die Tomatensauce darübergießen und den Großteil der Chorizowurst zufügen (ein paar Streifen zum Garnieren aufbewahren). Alles gründlich mischen, auf vorgewärmte Pastateller verteilen und mit den restlichen knusprigen Chorizostreifen garniert servieren.

Spaghetti mit Räucherhähnchen, Rucola und Kirschtomaten

Ebenso einfach wie köstlich!

1 350 g Spaghetti

2 2 große Knoblauchzehen, geschält und fein gehackt

3 275 g Kirschtomaten, halbiert

4 175 g geräucherte Hähnchenbrust, ohne Haut und in Streifen geschnitten

5 75 g Rucola

& Salz und frisch gemahlener schwarzer Pfeffer; 4 EL natives Olivenöl extra

für 4 Personen

Eins Wasser in einem großen Topf sprudelnd zum Kochen bringen und eine großzügige Prise Salz hineingeben. Die Spaghetti aufgefächert in das Wasser geben, einmal umrühren und 10–12 Minuten bzw. nach Packungsanweisung *al dente* garen.

Zwei Die Hälfte des Olivenöls in einer großen Pfanne erhitzen. Den Knoblauch darin kurz anbraten, aber nicht bräunen. Die Kirschtomaten zugeben, großzügig salzen und pfeffern und 2–3 Minuten anbraten, bis sie teilweise gebräunt sind, aber noch ihre Form behalten.

Drei Die Spaghetti abgießen und zurück in den Topf geben. Kirschtomatenmischung, Hähnchenfleisch und Rucola zugeben, gründlich untermischen und kurz erneut erhitzen. Auf vorgewärmte Pastateller verteilen und großzügig mit frisch gemahlenem schwarzem Pfeffer bestreut servieren.

Spaghetti vongole in bianco

Dieses Gericht stammt aus Neapel, wo man es traditionell am Weihnachts-abend serviert. Diese Vorliebe für Festtagsmuscheln hängt damit zusammen, dass Weihnachten im italienischen Kalender ein Fastentag ist. Die Venusmuscheln müssen unbedingt fangfrisch sein!

1 350 g Spaghetti
2 1,75 kg kleine Venusmuscheln
3 2 Knoblauchzehen, geschält und fein gehackt
4 eine großzügige Prise getrocknete Chiliflocken
5 1 EL frische glattblättrige Petersilie, gehackt
& Salz; 150 ml natives Olivenöl extra

für 4 Personen

Eins Die Venusmuscheln in einer Schüssel unter fließendem kaltem Wasser gründlich waschen, um den ganzen Sand zu entfernen. Alle Muscheln, die sich auf Klopfen nicht schließen, aussortieren.

Zwei Wasser in einem großen Topf sprudelnd zum Kochen bringen und gut salzen. Die Spaghetti aufgefächert in das Wasser geben, einmal umrühren und 10–12 Minuten bzw. nach Packungsanweisung *al dente* garen.

Drei Das Olivenöl in einer großen Schwenk-pfanne erhitzen. Den Knoblauch darin kurz anbraten, aber nicht bräunen. Die Venusmu-scheln hineingeben, die Pfanne einmal kräftig schwenken und den Deckel auflagen. Einige Minuten köcheln lassen, bis sich die Muscheln geöffnet haben, dann vom Herd nehmen.

Vier Die Muscheln mit einem Schaumlöffel aus der Schwenkpfanne nehmen (nicht geöffnete Exemplare aussortieren). Etwa die Hälfte der Muscheln aus den Schalen auslösen, die anderen in ihren Schalen belassen. Alle zurück in die Kochflüssigkeit in der Schwenk-pfanne geben. Chiliflocken und Petersilie zufügen.

Fünf Die Spaghetti abgießen und zur Muschel-mischung geben. Bei schwacher Hitze 1–2 Minuten verrühren und die Nudeln das Aroma der Muscheln aufnehmen lassen. Nach Ge-schmack mit Salz und Pfeffer würzen. Auf vorgewärmte Pastateller verteilen und sofort servieren.

Getreide und Hülsenfrüchte

Bunter Röstgemüse-Couscous

Das Gemüse nicht zu dicht in den Bräter schichten, damit es nicht dünstet.

❶ 2 rote Paprika, halbiert und in 2 cm große Quadrate geschnitten
❷ 2 gelbe Paprika, halbiert und in 2 cm große Quadrate geschnitten
❸ 1 große rote Zwiebel, in 2 cm große Stücke geschnitten
❹ eine Handvoll frische Basilikumblätter, gehackt
❺ 250 g Couscous
& Salz und frisch gemahlener schwarzer Pfeffer; 6 EL natives Olivenöl extra

für 4 Personen

Eins Den Backofen auf 220 °C vorheizen und einen großen Bräter erhitzen. Paprika und Zwiebel mit 2 Esslöffeln des Olivenöls rundum benetzen. In den heißen Bräter geben, kräftig salzen und pfeffern und im Ofen unter gelegentlichem Rühren 30–40 Minuten rösten, bis das Gemüse ganz weich und leicht karamelisiert ist. 5 Minuten vor Ende der Röstzeit das gehackte Basilikum untermischen und die letzten Minuten mit rösten.

Zwei Den Couscous in eine große Schüssel geben und das restliche Öl untermischen. 250 ml kochendes Wasser zugießen, gut umrühren und abgedeckt 5 Minuten quellen lassen. Den Couscous mit einer Gabel auflockern und nach Geschmack würzen. In einem Topf unter ständigem Rühren erhitzen, dann die Gemüsemischung unterheben. Auf vorgewärmten Tellern angerichtet servieren.

Linsensalat mit getrockneten Tomaten und Ziegenkäse

Einer meiner Lieblingssalate überhaupt. Er hält sich gut im Kühlschrank.

❶ 250 g Puy-Linsen (grüne Linsen), mit kaltem Wasser abgespült
❷ 2 Schalotten, in feine Scheiben geschnitten
❸ 50 g getrocknete Tomaten in Olivenöl, abgetropft
❹ 175 g Ziegenkäserolle, in kleine Würfel geschnitten
❺ 25 g frische glattblättrige Petersilie, grob gehackt
& Salz und frisch gemahlener schwarzer Pfeffer; 4 EL natives Olivenöl extra

für 4 Personen

Eins Die Puy-Linsen in einem Topf mit 600 ml Salzwasser zum Kochen bringen, dann herunterschalten und 15–20 Minuten gerade weich kochen. Abgießen und gut abtropfen lassen.

Zwei Unterdessen 1 Esslöffel des Olivenöls in einer Pfanne erhitzen. Die Schalotten darin 4–5 Minuten weich schwitzen, aber nicht bräunen.

In eine Salatschüssel geben. Abgetropfte Linsen, Tomaten und restliches Olivenöl unterrühren und die Linsen abkühlen lassen.

Drei Wenn die Linsen Raumtemperatur erreicht haben, vorsichtig Ziegenkäse und Petersilie unterheben. Nach Geschmack würzen und sofort servieren.

Gebackene Würstchen und Riesenbohnen in Tomatensauce

Griechische Riesenbohnen schmecken einfach himmlisch zu frischen Bratwürstchen. Sie lassen sich auch durch Borlottibohnen oder gewöhnliche weiße Bohnen ersetzen. Statt der Schweinsbratwurst eignet sich – falls erhältlich – auch Hirschbratwurst. Mit ein wenig Chili oder Knoblauch kann die Tomatensauce variiert werden.

- **❶** 6–8 rohe Schweinsbratwürstchen
- **❷** 1 große Zwiebel, fein gehackt
- **❸** 1 EL frischer Salbei, gehackt
- **❹** 1 Dose (400 g) Tomaten
- **❺** 2 Dosen (je 400 g) weiße Riesenbohnen, abgegossen und abgespült
- **&** Salz und frisch gemahlener schwarzer Pfeffer; 4 EL natives Olivenöl extra

für 3–4 Personen

Eins Den Backofen auf 180 °C vorheizen. 1 Esslöffel des Olivenöls in einer großen gusseisernen Pfanne erhitzen. Die Würstchen darin auf mittlerer Stufe 1–2 Minuten anbraten und beidseitig leicht bräunen. Auf einen Teller legen und beiseite stellen.

Zwei Die Pfanne auswischen, dann das restliche Olivenöl hineingeben. Zwiebel und Salbei zufügen und bei schwacher Hitze 10 Minuten andünsten, bis die Zwiebel ganz weich, aber nicht gebräunt ist. Die Tomaten zugeben und zum Kochen bringen. Die Sauce unter gelegentlichem Rühren 5 Minuten köcheln und etwas eindicken lassen. Nach Geschmack mit Salz und Pfeffer würzen.

Drei Die Tomatensauce in eine Auflaufform geben und die Riesenbohnen untermischen. Die Würstchen daraufsetzen und in der Sauce versenken. Im Backofen 15–20 Minuten backen, bis die Bohnen heiß und die Würstchen durchgebraten sind. Direkt vom Ofen auf den Tisch stellen und jeden selbst zugreifen lassen.

Schellfischfilet auf sautierten Chorizo-Kichererbsen

Die sautierten Kichererbsen halten sich bis zu zwei Tage im Kühlschrank.

1 4 Schellfischfilets à 150 g, ohne Haut und Gräten

2 1 große rote Zwiebel, fein gehackt

3 100 g rohe Chorizowürstchen, ohne Pelle und fein gewürfelt

4 2 Dosen (je 400 g) Kichererbsen, abgegossen und abgespült

5 15 g frische Korianderblätter, fein gehackt

& Salz und frisch gemahlener schwarzer Pfeffer; 4 EL natives Olivenöl extra

für 4 Personen

Eins Den Backofen auf 200 °C vorheizen. Die Fischfilets auf ein beschichtetes Backblech legen, mit Salz und Pfeffer würzen und mit 1 Esslöffel des Öls beträufeln. Im Ofen 10–12 Minuten backen, bis die Filets gerade gar, aber in der Mitte noch saftig sind.

Zwei Unterdessen 1 Esslöffel des Öls in einer großen Schwenkpfanne erhitzen. Die Zwiebel darin 3–4 Minuten weich schwitzen, aber nicht bräunen. Die Chorizowürstchen zufügen und ein paar Minuten anschwenken, bis sie ihre rote Farbe an die Zwiebel abzugeben beginnen. Die Kichererbsen zufügen und ein paar Minuten erhitzen. Koriander und restliches Öl untermischen und alles nach Geschmack mit Salz und Pfeffer würzen. Auf vorgewärmte Teller verteilen, den Fisch darauf anrichten und sofort servieren.

Taboulé-Salat

Der Salatklassiker des Nahen Ostens! Schmeckt gut zu Grillfleisch aller Art.

1 100 g Bulgur

2 Saft von 1 Zitrone

3 4 reife Strauchtomaten, halbiert, entkernt und gewürfelt

4 25 g frische glattblättrige Petersilie, grob gehackt

5 1 Bund Frühlingszwiebeln, geputzt und fein gehackt

& Salz und frisch gemahlener schwarzer Pfeffer; 6 EL natives Olivenöl extra

für 4 Personen

Eins Den Bulgur mit kaltem Wasser bedecken und 45 Minuten bzw. nach Packungsanweisung quellen lassen. Gut abspülen, abtropfen lassen und in eine Salatschale geben.

Zwei Unterdessen Zitronensaft, Olivenöl sowie Salz und Pfeffer nach Geschmack zu einem Dressing verquirlen.

Drei Tomaten, Petersilie und Frühlingszwiebeln zum Bulgur geben und nach Geschmack würzen. Bei Zimmertemperatur ziehen lassen, damit sich die Aromen entfalten können.

Vier Kurz vor dem Servieren das Dressing über den Salat gießen und untermischen.

Vegetarische Gerichte

Auch für schmackhafte Gerichte ohne Fleisch benötigt man nicht viele Zutaten. Probieren Sie einfach aus, welche Kombinationen Ihnen gut schmecken, und schon bald werden Sie selbst weitere Rezepte erfinden. Übrigens: Auch im Vorspeisen- und im Pasta-Kapitel finden sich vegetarische Köstlichkeiten!

Vegetarisch

Kartoffelbratlinge mit pochierten Eiern und gerösteten Kirschtomaten

Diese Bratlinge machen sich gut bei einem Sonntagsfrühstück, aber ich habe sie fast noch lieber als leichtes Abendessen. Nicht-Vegetarier geben 75 g fein gehackten, kurz angebratenen mageren Schinken zur Mischung.

1 1 kg mehlig kochende Kartoffeln (in etwa gleich groß), abgebürstet

2 4 Kirschtomaten-Rispen mit je 5–7 Früchten

3 25 g Butter

4 1 EL Weißweinessig

5 4 große Eier

& Salz und frisch gemahlener schwarzer Pfeffer; 1 EL Olivenöl

für 4 Personen

Eins Den Backofen auf 180 °C vorheizen. Die Kartoffeln in einem Topf mit gesalzenem Wasser 15 Minuten fast weich kochen. Abgießen und etwas abkühlen lassen, dann die Schale abziehen. Die gepellten Kartoffeln grob reiben und großzügig mit Salz und Pfeffer würzen.

Zwei Die Tomatenrispen in einen kleinen Bräter legen und mit der Hälfte des Olivenöls beträufeln. Im Ofen 18–20 Minuten rösten, bis die Früchte weich sind und ihre Haut aufplatzt.

Drei Butter und restliches Öl in einer großen gusseisernen Pfanne erhitzen. Die Kartoffelmischung zu vier Bratlingen formen und in die Pfanne geben. Die Hitze herunterschalten und die Bratlinge 10 Minuten goldbraun braten, dann wenden und die andere Seite ebenfalls 10 Minuten knusprig braun braten.

Vier Unterdessen eine große, tiefe Pfanne 4 cm hoch mit Wasser füllen und leicht zum Köcheln bringen. Weißweinessig und ½ Teelöffel Salz hineingeben. 1 Ei in eine Tasse schlagen und vorsichtig in das heiße Wasser gleiten lassen. Mit den anderen 3 Eiern ebenso verfahren. 3½ Minuten sanft köcheln lassen, bis die Eier weich pochiert sind.

Fünf Die fertigen Bratlinge auf vorgewärmte Teller geben. Die pochierten Eier mit einem Schaumlöffel aus dem Wasser herausnehmen, kurz auf Küchenpapier abtropfen lassen und dann auf die Bratlinge setzen. Die gerösteten Kirschtomatenrispen daneben legen und alles servieren.

Zitronen-Paprika-Halloumi mit Röstpaprikasalat und Pitabrot

Halloumi ist ein halbweicher Käse, der ursprünglich aus Zypern stammt. Ich mag ihn am liebsten gebraten oder gegrillt. Er hält immer gut die Form und besitzt eine angenehm weiche Konsistenz. Mit Olivenöl bestrichen ergibt er auch ein leckeres vegetarisches Grillgut. Halloumi sollte heiß serviert und rasch verzehrt werden.

❶ 4 große rote Paprika (oder 1 Glas Röstpaprika in Olivenöl)
❷ 1 Zitrone, halbiert und ohne Kerne
❸ 250 g Halloumi
❹ 1 TL edelsüßes oder geräuchertes Paprikapulver
❺ 4 weiße Pitabrote
❻ Salz und frisch gemahlener schwarzer Pfeffer; 3 EL natives Olivenöl extra

für 4 Personen als Vorspeise

Eins Bei Verwendung frischer Paprikaschoten den Backofen auf 220 °C vorheizen. Die Schoten in einen Bräter legen und im Ofen 20–30 Minuten rösten, bis ihre Haut schwarz ist. In eine große Schüssel geben und mit Frischhaltefolie abgedeckt vollständig abkühlen lassen. Dann die Haut abziehen, dabei den Saft auffangen.

Zwei Das Paprikafleisch in breite Streifen schneiden (Samen und Stielansätze entfernen). Paprikastreifen, aufgefangenen Paprikasaft, einen Spritzer Zitronensaft und 2 Esslöffel des Olivenöls bzw. des Öls, in dem die gekauften Röstpaprika (sofern verwendet) eingelegt waren, in eine Schüssel geben. Nach Geschmack mit Salz und Pfeffer würzen, gut mischen und beiseite stellen.

Drei Zwei Grill- oder Bratpfannen sehr stark erhitzen. Den Halloumi in vier dicke Scheiben schneiden und rundum mit dem Paprikapulver bestäuben. Das restliche Olivenöl in eine der heißen Pfannen geben und den Halloumi darin unter einmaligem Wenden 3–4 Minuten goldbraun braten. Vom Herd nehmen und den restlichen Zitronensaft darüberpressen.

Vier Sofort die Pitabrote in die andere heiße Pfanne geben und unter einmaligem Wenden 1 Minute anrösten, bis sie aufgebläht und stellenweise gebräunt sind. Die Brote halbieren oder in Streifen schneiden. Den Röstpaprikasalat mittig auf vier Teller geben, je ein Stück gebratenen Halloumi darauf anrichten und mit dem Bratensaft aus der Pfanne beträufeln. Mit dem Pitabrot daneben servieren.

Gebackener Butter-Gemüse-Pilaw mit Basmatireis

Im Ofen gebackener Reis gelingt sehr schmackhaft und gänzlich problemlos. Wer mag, kann hier gut eine Prise Safran ergänzen. Das Tiefkühlgemüse muss nicht lange garen – im heißen Reistopf ist es in wenigen Minuten fertig gedünstet.

① 50 g Butter
② 1 Zwiebel, fein gehackt
③ 250 g Basmatireis, gewaschen
④ 600 ml Gemüsebrühe
⑤ 500 g tiefgekühltes Mischgemüse
& Salz und frisch gemahlener schwarzer Pfeffer

für 4 Personen

Eins Den Backofen auf 180 °C vorheizen. Die Butter in einem Schmortopf erhitzen. Die Zwiebel darin 4–5 Minuten glasig schwitzen, aber nicht bräunen.

Zwei Den Reis in den Topf geben und gründlich mit der Butter mischen, dann die Brühe zugießen. Nach Geschmack mit Salz und Pfeffer würzen und gut umrühren. Den Topf mit dem Deckel verschließen, im Backofen unter gelegentlichem Rühren 20 Minuten backen, bis der Reis fast weich ist und den Großteil der Brühe aufgenommen hat.

Drei Aus dem Ofen nehmen und das tiefgekühlte Gemüse auf den Reis geben. Wieder mit dem Deckel verschließen und weitere 5 Minuten im Ofen backen, bis das Gemüse gar gedämpft und der Reis ganz weich ist. Das Gemüse vorsichtig unter den Reis heben. Den Pilaw haufenförmig angerichtet auf vorgewärmten Tellern servieren

Maiscreme-Risotto mit Parmesan

Dieses Risotto gelingt, obwohl das Rezept fast zu simpel wirkt, ganz besonders cremig und aromatisch. Besonders Kinder lieben das Gericht, zu dem auch eine halbe Packung Tiefkühlerbsen gut passen würde, wenn vielleicht noch ein hungriger Schulkamerad unerwartet mitgefüttert werden soll. Für eine sahnigere Variante gibt man dem pürierten Mais noch einen Esslöffel süße Sahne hinzu.

❶ 1 Zwiebel, fein gehackt
❷ 350 g Arborioreis
❸ 1,25 l Gemüsebrühe
❹ 1 Dose (400 g) Mais, abgegossen
❺ 6 EL frisch geriebener Parmesan, plus zusätzlich, zum Garnieren
& Salz und frisch gemahlener schwarzer Pfeffer; 3 EL Olivenöl

für 4–6 Personen

Eins 2 Esslöffel des Olivenöls in einem großen, flachen Topf erhitzen. Die Zwiebel darin unter gelegentlichem Rühren 4–5 Minuten weich schwitzen, aber nicht bräunen. Die Hitze hochschalten, den Reis zugeben und unter Rühren 1 Minute glasig schwitzen.

Zwei Unterdessen die Brühe in einem anderen Topf zum Köcheln bringen. Den Mais und das restliche Olivenöl in der Küchenmaschine glatt pürieren.

Drei Eine Kelle von der köchelnden Brühe zum Reis in den Topf geben und unter ständigem Rühren vom Reis aufnehmen lassen. Die Brühe weiter kellenweise zugießen, dabei die Flüssigkeit unter ständigem Rühren immer erst fast ganz aufnehmen lassen, bevor die nächste Kelle zugegeben wird.

Vier Nach 15–20 Minuten das Maispüree zur restlichen Brühe geben und 2 Minuten köcheln lassen, dann diese Mischung zum Reis zufügen. Das Risotto sollte gerade weich, aber noch *al dente* sein. Nach Geschmack mit Salz und Pfeffer würzen, dann den Parmesan untermischen. Das Risotto auf vorgewärmte tiefe Teller verteilen und mit etwas frisch geriebenem Parmesan bestreut servieren.

Rotes Paprika-Risotto mit gegrilltem Camembert

Der Trick bei einem guten Risotto besteht darin, die Brühe nur schrittweise zuzugeben und die Flüssigkeit immer erst fast ganz verquellen zu lassen, bevor die nächste Kelle zugegeben wird. Dieses ungewöhnlich gefärbte Risotto mit dem gegrillten Käse oben ergibt auch ein fantastisches Gericht für die nächste Dinnerparty.

❶ 3 rote Paprika
❷ 1 l Gemüsebrühe
❸ 1 Zwiebel, fein gehackt
❹ 350 g Arborioreis
❺ 2 kleine Camemberts oder Miniziegenkäse, mit Rinde (insgesamt 300 g)
& Salz und frisch gemahlener schwarzer Pfeffer; 5 EL Olivenöl, plus zusätzlich, zum Beträufeln

für 4–6 Personen

Eins Den Backofengrill vorheizen. Die Paprika halbieren und Stielansätze, Samen und Weißes entfernen. Den Boden eines Bräters dünn mit Salz bestreuen und mit etwas Olivenöl beträufeln. Die Paprika mit der Schnittfläche nach unten hineinlegen, mit etwas Öl beträufeln und unter dem Grill 10 Minuten rösten, bis die Haut schware Blasen wirft.

Zwei Die Paprika in eine Schüssel legen und mit Klarsichtfolie abdecken – dies bewirkt, dass sich die Haut leichter abziehen lässt. Die Paprika vollständig abkühlen lassen, dann häuten.

Drei Das Paprikafruchtfleisch in die Küchenmaschine geben. Bei laufendem Gerät 3 Esslöffel von dem Olivenöl zugießen und alles zu einem glatten Püree verarbeiten. In eine Schüssel geben und abgedeckt beiseite stellen.

Vier Die Brühe in einem Topf zum Köcheln bringen. Einen Schmortopf erhitzen. 2 Esslöffel von dem Öl hineingeben, dann die Zwiebel zufügen und unter Rühren 2–3 Minuten weich schwitzen, aber nicht bräunen. Den Reis zu-

geben und unter Rühren 30–60 Sekunden andünsten, bis er das Öl aufgenommen hat und glasig aussieht.

Fünf Eine Kelle von der köchelnden Brühe zum Reis in den Topf geben und unter ständigem Rühren vom Reis aufnehmen lassen. Die Brühe weiter kellenweise zugießen, dabei die Flüssigkeit immer erst unter ständigem Rühren fast ganz aufnehmen lassen, bevor die nächste Kelle zugefügt wird. Nach 18 Minuten, wenn der Reis fast gar ist, das Paprikapüree zugeben und alles unter Rühren einige Minuten weiterköcheln lassen.

Sechs Unterdessen die Camemberts halbieren, mit Olivenöl beträufeln und großzügig mit Pfeffer bestreuen. Unter dem Backofengrill 2–3 Minuten zerfließen lassen. Wenn der Reis bissfest gar ist, das Risotto nach Geschmack mit Salz und Pfeffer würzen. Auf vorgewärmte tiefe Teller verteilen, je ein Stück gegrillten Käse darauf anrichten und servieren.

Pilze

Gegrillte Riesenchampignons mit Blauschimmelkäse

Mit Baguettebrot zum Aufnehmen der feinen Sauce schmecken die Pilze fantastisch. Auf einem Bett aus Kartoffelbrei und geröstetem Knoblauch ergeben sie eine gehaltvollere vegetarische Mahlzeit.

1 4 Riesen- oder Portabella-Champignons, ohne Stiele

2 ½ TL frisch gehackter Thymian

3 2 Knoblauchzehen, geschält und fein gehackt

4 2 EL Pinienkerne

5 100 g Blauschimmelkäse (Cashel oder eine andere Sorte), zerbröckelt

& Salz und frisch gemahlener schwarzer Pfeffer; 2 EL Olivenöl, plus zusätzlich, zum Einfetten

für 4 Personen als Vorspeise

Eins Den Backofen auf 200 °C vorheizen. Die Pilze mit den Lamellen nach oben nebeneinander in eine kleine leicht eingeölte Auflaufform legen. Mit Thymian, Knoblauch und Pinienkernen bestreuen. Nach Geschmack salzen und pfeffern, den Käse darüberstreuen und alles mit dem Olivenöl beträufeln.

Zwei Die Pilze locker mit Alufolie abdecken und im Ofen 15 Minuten backen, dann die Folie entfernen. Weitere 2–3 Minuten backen, bis die Pilze ganz weich sind und der Käse zerfließt. Die Pilze auf vorgewärmte Teller setzen, die Flüssigkeit aus der Auflaufform darübergeben und servieren.

Teigtaschen mit Knoblauch-Pilz-Füllung

Für die Füllung eignet sich jede beliebige Pilzsorte. Die meisten Pilze müssen nicht gewaschen werden, es reicht aus, sie mit einem Pinsel zu säubern oder mit einem feuchten Tuch abzureiben. Ein verquirltes Ei vor dem Backen auf dem Blätterteig verleiht den Taschen ein goldgelbes Finish.

1 1 Paket (500 g) Butterblätterteig, Tiefkühlware aufgetaut

2 Mehl, zum Bestäuben

3 4 TL körniger Senf

4 4 Knoblauchzehen, geschält und fein gehackt

5 1 kg Maronenpilze, geputzt und in Scheiben geschnitten

& Salz und frisch gemahlener schwarzer Pfeffer; 2 EL Olivenöl

für 4 Personen

Eins Den Backofen auf 220 °C vorheizen. Den Blätterteig halbieren und die Hälften auf einer leicht bemehlten Arbeitsfläche nacheinander zu 28 cm großen Quadraten ausrollen. Die Quadrate vierteln, sodass sich insgesamt acht 14 cm große Quadrate ergeben. Auf zwei beschichtete Backbleche legen und mit je ½ Teelöffel Senf bestreichen, dabei am Rand 1 cm frei lassen. 20 Minuten kalt stellen.

Zwei Unterdessen das Olivenöl in einer großen Pfanne erhitzen. Knoblauch und Pilze hineingeben, nach Geschmack mit Salz und Pfeffer würzen und alles 5–6 Minuten sautieren, bis die Pilze ganz weich sind und die Feuchtigkeit komplett verdampft ist. Vom Herd nehmen und abkühlen lassen.

Drei Die Knoblauchpilze auf eine Hälfte jedes Teigquadrats häufen. Den Teigrand dünn mit Wasser bestreichen. Die andere Teighälfte über die Füllung falten, den Rand fest zusammendrücken und mit den Zinken einer Gabel ein Muster hineindrücken. Die Oberseite mit der Gabel einstechen. Die Bleche im Backofen 20–25 Minuten backen, bis die Teigtaschen schön aufgegangen und goldbraun sind. Auf vorgewärmten Tellern servieren.

Waldpilz-Crostini

Waldpilze können in jeder erhältlichen Mischung verwendet werden. Sie besitzen ein etwas intensiveres Aroma als gezüchtete Champignons. Als Vorspeise eignen sich diese Crostini hervorragend, und mit einer Bloody Mary bereichern sie jeden Brunch.

1 1 Baguette

2 50 g Butter

3 500 g gemischte Waldpilze, geputzt und in Scheiben geschnitten
(z. B. Pfifferlinge, Steinpilze, Shiitakepilze, Austernpilze oder Morcheln)

4 ½ Zitrone, ohne Kerne

5 2 EL frische glattblättrige Petersilie, gehackt

& Salz und frisch gemahlener schwarzer Pfeffer; 1 TL Sonnenblumenöl

für 4 Personen als Vorspeise

Eins Den Backofen auf 200 °C vorheizen. Das Baguette schräg in dicke Scheiben schneiden. Die Scheiben nebeneinander auf ein Backblech legen, mit etwas von der Butter bestreichen und im Ofen 6–8 Minuten knusprig und goldbraun rösten.

Zwei Unterdessen das Öl mit einem Stich von der Butter in einer Pfanne erhitzen. Die Pilze hineingeben und auf mittlerer Stufe 2–3 Minuten sautieren. Leicht mit Salz und Pfeffer würzen, die restliche Butter zufügen und weitere 1–2 Minuten anschwenken, bis die Pilze gerade gar und weich sind.

Drei Einen großzügigen Spritzer Zitronensaft zugeben, die Petersilie zufügen und alles gut mischen. Die Crostini aus dem Ofen nehmen und auf eine Platte oder Servierteller legen. Die Wildpilzmischung darauf anrichten und sofort servieren.

Gegrillte Champignon-Ziegenkäse-Doppeldecker auf Knoblauch-Bruschetta

Hier gibt es eine fleischfreie Mahlzeit mit einer Fülle an interessanten Aromen und Konsistenzen zu entdecken. Auch für den Grill eignet sich der Doppeldecker sehr gut. Wer Ziegenkäse nicht mag, ersetzt ihn durch einen weich gerührten Frischkäse nach Wahl.

1 8 Riesen- oder Portabella-Champignons (gleich große Pilze mit etwa 10 cm Ø auswählen), ohne Stiele

2 2 Knoblauchzehen

3 250 g Ziegenfrischkäse

4 1 TL frischer Thymian, gehackt

5 4 dicke Scheiben Bauernbrot (vorzugsweise vom Vortag)

& Salz und frisch gemahlener schwarzer Pfeffer; etwa 4 EL Olivenöl

für 4 Personen

Eins Eine Grillpfanne sehr stark erhitzen. Mit etwas Olivenöl einpinseln, die Pilze mit der Lamellenseite nach unten hineingeben und 5 Minuten braten (jedoch nicht wenden).

Zwei Eine der Knoblauchzehen schälen, zerdrücken und in einer Schüssel mit Ziegenkäse und Thymian verrühren. Kräftig salzen und pfeffern. Die Pilze vom Herd nehmen und rundum mit Olivenöl einpinseln. Vier der Pilze mit der Ziegenkäsemischung füllen, dann die restlichen Pilze andersherum daraufsetzen, sodass Sandwichs entstehen.

Drei Die Grillpfanne kurz auswischen. Die Brotscheiben hineingeben und auf jeder Seite 1–2 Minuten anrösten, bis sie hübsche braune Streifen haben. Die zweite Knoblauchzehe halbieren und das geröstete Brot damit einreiben. Das Knoblauchbrot leicht mit Olivenöl beträufeln und auf vorgewärmte Teller legen.

Vier Die Pilzdoppeldecker dünn mit Olivenöl bestreichen, zurück in die Grillpfanne setzen und unter gelegentlichem Wenden weitere 3–4 Minuten braten, bis die Pilze durchgehend gar sind und der geschmolzene Käse an den Seiten auszulaufen beginnt. Dann herausnehmen und sofort anschließend auf den Bruschetta-Scheiben angerichtet servieren.

Pilz-Spinat-Pizzabrötchen

Ciabatta-Brötchen ergeben einen knusprigen Instant-Pizzaboden – großartig als spätabendlicher Snack oder schneller Mittagsersatz. Das Tomaten-Pesto verleiht allem einen besonders intensiven Geschmack, aber gewöhnliches Tomatenmark tut es zur Not auch.

1 250 g Maronenpilze, geputzt und in Scheiben geschnitten

2 100 g zarte, junge Spinatblätter

3 4 Ciabatta-Brötchen

4 4 EL Pesto Rosso

5 2 Kugeln (je 100 g) Büffel-Mozzarella, gewürfelt oder in Stücke gezupft

& Salz und frisch gemahlener schwarzer Pfeffer; 6 EL Olivenöl

für 4 Personen als Snack

Eins Den Backofen auf 180 °C vorheizen. Eine Pfanne erhitzen, dann 2 Esslöffel des Olivenöls hineingeben. Die Pilze zugeben, nach Geschmack salzen und pfeffern und einige Minuten sautieren, bis sie gerade gar sind. Den Spinat zugeben und kurz mitgaren, bis er etwas zusammenfällt.

Zwei Unterdessen die Brötchen aufschneiden und auf ein Backblech legen. Den Pesto Rosso in einer Schüssel mit dem restlichen Olivenöl verrühren. Die Schnittflächen der Brötchen damit bestreichen, dann die Pilz-Spinat-Mischung darauf verteilen und den Mozzarella darüberstreuen.

Drei Die belegten Pizzabrötchen im Backofen 8–10 Minuten überbacken, bis der Käse zerlaufen ist. Sofort auf vorgewärmten Tellern angerichtet servieren.

Fleisch und Geflügel

Die einfachste Zubereitung ist bei Fleisch oft die beste – qualitativ gute Ware liefert nämlich allein schon viel für eine abwechslungsreiche Mahlzeit. Für Geflügel habe ich gleich zwei Kapitel eingefügt, denn Hähnchenschenkel und Brustfilets sind im Geschmack sehr unterschiedlich. Beim Grillen erweist es sich oft als besonders praktisch, sich auf nur wenige Zutaten zu beschränken – also keine falsche Scheu vor unseren feinen Grillrezepten.

Rind

Gebackenes Rinderfilet mit Kartoffelgratin

Dieses Gericht ist der ultimative Hit auf jeder Dinnerparty und bei allen festlichen Anlässen! Kaum jemand hat zwei Backöfen, aber praktischerweise lässt sich das Kartoffelgratin auch im Voraus zubereiten. Dann wird es portionsweise auf Backpapier verteilt und mit Alufolie bedeckt 20 Minuten mit dem Fleisch bei derselben Ofentemperatur erhitzt.

1 300 g Sahne

2 300 ml Milch

3 1 große Knoblauchzehe, geschält und fein gerieben

4 1,75 kg mehlig kochende Kartoffeln

5 750 g dick geschnittenes Rinderfilet (Chateaubriand)

& Salz und frisch gemahlener schwarzer Pfeffer; 1 EL Olivenöl

für 4–8 Personen

Eins Den Backofen auf 150 °C vorheizen. Sahne, Milch und Knoblauch mit Salz und Pfeffer nach Geschmack in einer Schüssel verrühren. Die Kartoffeln schälen und von Hand oder mit dem Hobelaufsatz der Küchenmaschine in dünne Scheiben hobeln.

Zwei Eine Schicht Kartoffeln in eine 3-l-Auflaufform geben und ein paar Esslöffel von der Sahnemischung darübergeben. So weiter schichten, bis alle Zutaten verbraucht sind. Den Auflauf leicht flach drücken, damit alle Kartoffelscheiben mit Flüssigkeit bedeckt sind. Mit Alufolie abdecken und 2 Stunden backen. Die Folie entfernen und das Gratin weitere 20–25 Minuten goldbraun backen.

Drei Unterdessen einen zweiten Ofen auf 200 °C vorheizen. Das Fleisch Raumtemperatur annehmen lassen, rundum mit Olivenöl einreiben und kräftig salzen und pfeffern. Eine feuerfeste Pfanne erhitzen. Das Fleisch darin bei starker Hitze auf allen Seiten scharf anbraten – insgesamt etwa 6 Minuten.

Vier Die Pfanne mit dem Fleisch in den Ofen schieben und für ein „englisch" gegartes, also zartrosa Roastbeef 15 Minuten pro 500 g Fleischgewicht garen. Das Filet dann aus dem Ofen nehmen und an einem warmen Ort 10 Minuten ruhen lassen, dann aufschneiden. Das Kartoffelgratin mit einem Messer in Portionen teilen und mit den Roastbeefscheiben auf vorgewärmten Tellern angerichtet servieren.

Salat mit Roastbeef und Blauschimmelkäse

Für alle, die in letzter Minute nur noch wenig zu tun haben möchten: Das Fleisch kann vor dem Aufschneiden bis zu zwei Stunden abgedeckt stehen.

❶ 500 g gut abgehangenes Rinderfilet, pariert
❷ 1 Paket (200 g) gemischte Blattsalate
❸ 200 g große Kirsch- oder kleine Strauchtomaten, halbiert
❹ 250 g Blauschimmelkäse, zerbröckelt (Gorgonzola, Roquefort oder Cashel)
❺ 1 EL Rotweinessig
& Salz und frisch gemahlener schwarzer Pfeffer; 4 EL natives Olivenöl extra

für 4
Personen

Eins Den Backofen auf 220 °C vorheizen. Eine Pfanne mit feuerfestem Griff sehr stark erhitzen. Das Filet salzen und pfeffern. Die Hälfte des Olivenöls in die Pfanne geben, das Filet hineingeben und rundum gut bräunen. Vom Herd nehmen und überschüssiges Öl abgießen, dann das Fleisch im Ofen 5 Minuten weiter garen. Aus dem Ofen nehmen und an einem warmen Ort mindestens 20 Minuten ruhen lassen.

Zwei Kurz vor dem Servieren das Filet auf ein Brett legen und mit einem scharfen Tranchiermesser in sehr dünne Scheiben schneiden. Die Salatblätter auf vier tiefe Teller verteilen, die Roastbeefscheiben kegelförmig aufrollen und auf dem Salat anrichten. Die Tomatenhälften, gefolgt von dem zerbröckelten Blauschimmelkäse darüberstreuen.

Drei Rotweinessig und restliches Olivenöl verrühren und nach Geschmack mit Salz und Pfeffer würzen. Den Salat mit dem Dressing beträufelt servieren.

Filetsteak mit grüner Pfefferrahmsauce

Das Wichtigste beim Braten von Rindersteaks ist eine genügend heiße Pfanne. Das Fleisch muss auf der Stelle versiegelt werden und zu braten beginnen, sonst verliert es Flüssigkeit und produziert nicht die richtige Karamellisierung, die hier auch die Basis für die köstliche Sauce bildet.

❶ 4 Rinderfiletsteaks à 175 g

❷ 25 g Butter

❸ 2 TL grüne Pfefferkörner in Lake, abgetropft

❹ 2 TL englischer Senf

❺ 200 g Crème double

& Salz und frisch gemahlener schwarzer Pfeffer; 1 EL Olivenöl

für 4 Personen

Eins Eine gusseiserne Pfanne wirklich gut erhitzen, dann das Olivenöl hineingeben. Die Steaks darin auf jeder Seite wenige Minuten braten (etwas länger, wenn Sie es gut durchgebraten mögen). Vom Herd nehmen und an einem warmen Ort ein paar Minuten ruhen lassen. Unterdessen die Sauce zubereiten.

Zwei Das Öl aus der Pfanne herausgießen oder die Pfanne kippen und das Fett mit Küchenpapier aufnehmen, aber nicht den karamellisierten Bratensatz entfernen! Die Pfanne zurück auf den Herd stellen und die Butter hineingeben. Wenn sie schäumt, den grünen Pfeffer zufügen und einige der Körner mit der Rückseite eines Holzlöffels zerdrücken.

Drei Senf und Crème double untermischen. Die Sauce unter gelegentlichem Rühren 2–3 Minuten köcheln lassen, bis sie leicht reduziert ist. Nach Geschmack salzen und pfeffern.

Vier Zum Servieren die gebratenen Steaks auf vorgewärmten Tellern anrichten und die grüne Pfefferrahmsauce darübergeben.

Rumpsteakstreifen mit Brokkoli in schwarzer Bohnensauce

Rumpsteak ist nicht das preisgünstigste Stück vom Rind, aber die Konsistenz und der Geschmack sind die Ausgabe auf jeden Fall wert. Als Gemüse schmecken auch Spargelspitzen sehr lecker. Ich selbst esse diese Rumpsteakstreifen oft einfach zu Asia-Nudeln, die im Handumdrehen gar sind.

1 450 g Rumpsteaks (etwa 1 cm dick), ohne Fettrand

2 450 g Brokkoli

3 4 Frühlingszwiebeln, geputzt und in dünne Ringe geschnitten

4 2 EL frischer Ingwer, gerieben

5 1 Paket (125 g) schwarze Bohnensauce für Wokgerichte

& Salz und frisch gemahlener schwarzer Pfeffer; 2 EL Sonnenblumenöl

für 4 Personen

Eins Die Rumpsteaks in dünne Streifen schneiden. Großzügig mit Pfeffer würzen.

Zwei Einen Wok auf hoher Stufe sehr stark erhitzen. Die Hälfte des Öls hineingeben und durch Schwenken gut verteilen. Die Fleischstreifen zufügen und unter Rühren 2–3 Minuten anbraten, bis sie gerade weich und zartbraun ist. Auf einen Teller geben.

Drei Das restliche Öl im Wok erhitzen. Den Brokkoli hineingeben und 1 Minute unter Rühren anbraten. 1 Esslöffel Wasser darüberspritzen und 1 weitere Minute braten, bis das Wasser verdampft ist.

Vier Frühlingszwiebeln und Ingwer zum Brokkoli zufügen und unter Rühren 1 Minute anbraten. Die schwarze Bohnensauce zugießen und soeben heiß werden lassen. Die Rindfleischstreifen untermischen und erhitzen. Nach Geschmack salzen und pfeffern. Auf vorgewärmte Schalen verteilen und servieren.

Thailändisches rotes Rindercurry

Thailändisches Essen ist viel leichter als indisches und oft raffinierter als chinesisches. Je nach bevorzugter Schärfe können mehr oder weniger Currypaste und Koriander verwendet werden. Das Gulaschfleisch benötigt eine lange Garzeit – wer eine kürzere Zubereitungszeit bevorzugt, schneidet Filet oder Rumpsteak in Streifen, das nach 8–10 Minuten gar ist.

❶ 1 Bund frischer Koriander (mitsamt Wurzeln)
❷ 2 EL thailändische rote Currypaste
❸ 1 Dose (400 ml) Kokosmilch
❹ 500 g Rindergulasch
❺ 350 g thailändischer Duftreis
❽ Salz und frisch gemahlener schwarzer Pfeffer

für 4 Personen

Eins Die Korianderblätter von den Stängeln abstreifen. Eine Handvoll der Blätter zum Garnieren beiseite stellen, den Rest zusammen mit Wurzeln und Stängeln grob hacken und in einen Mixer geben. Currypaste und 4 Esslöffel der Kokosmilch zufügen und alles pürieren.

Zwei Einen Wok mit Deckel sehr stark erhitzen. Die Koriander-Currypaste hineingeben und unter Rühren 1 Minute andünsten. Das Fleisch zufügen und unter Rühren 8–10 Minuten anbraten, bis es gut gebräunt und die Currypaste leicht reduziert ist.

Drei Die restliche Kokosmilch in den Wok einrühren und zum Kochen bringen. Auf schwache Hitze herunterschalten und abgedeckt unter gelegentlichem Rühren 1 Stunde köcheln lassen, bis die Sauce leicht reduziert und das Fleisch butterweich ist.

Vier Nach etwa 40 Minuten den Reis kurz unter fließendem kaltem Wasser waschen und in einen Topf mit dicht schließendem Deckel geben. Wasser zugießen, bis der Reis gut 2 cm hoch mit Wasser bedeckt ist. ½ Teelöffel Salz zufügen und alles bei starker Hitze zum Kochen bringen. Einmal umrühren, auf kleine Stufe herunterschalten und mit dem Deckel abgedeckt 15–20 Minuten köcheln lassen, bis der Reis gerade weich ist.

Fünf Das Fleisch vom Herd nehmen und nach Geschmack mit Salz und Pfeffer würzen. Auf Schalen verteilen und mit den aufbewahrten Korianderblättern garniert sofort servieren. Den Duftreis in getrennten Schalen dazu reichen.

Schwein

Schweinebraten mit Rosmarin

Von diesem köstlichen Schweinebraten wird auch die größte Gästeschar satt. Das Schulterstück vom Schwein besitzt dafür das beste Verhältnis zwischen Fleisch- und Fettanteil. Wer den Braten nicht gern selbst mit Küchengarn zubindet, nimmt die fertige Füllung mit zum Fleischer und lässt das dort erledigen. Aber so schwer ist es nicht, versuchen Sie es!

1 2 frische Rosmarinzweige

2 2,75 kg Schulterbraten vom Schwein, ohne Knochen und mit eingeschnittener Schwarte (2 Stunden auf Zimmertemperatur gebracht)

3 50 g frisch geriebener Parmesan

4 4 Knoblauchzehen, geschält und fein gehackt

5 4 EL frische glattblättrige Petersilie, gehackt

& Salz und frisch gemahlener schwarzer Pfeffer

für 6–8 Personen

Eins Den Backofen auf 190 °C vorheizen. Die Rosmarinblätter von den Zweigen abziehen und fein hacken. Das Schulterstück öffnen und auf einer gut gesäuberten Arbeitsfläche aufklappen. Kräftig salzen und pfeffern und dann mit Rosmarin, Parmesan, Knoblauch und Petersilie bestreuen. Das Fleisch über der Füllung fest zusammenrollen.

Zwei In 2-cm-Abständen mit Küchengarn befestigen, dabei von den Enden zur Mitte hin arbeiten; so behält das Fleisch seine Form. Überschüssige Flüssigkeit mit Küchenpapier abtupfen und mit Salz bestreuen.

Drei Das Fleisch in einen Bräter geben und 20 Minuten pro 450 g sowie zusätzlich weitere 20 Minuten im Backofen garen. Während der letzten 20 Minuten Garzeit die Temperatur auf 220 °C heraufschalten. Bei genau 2,75 kg Fleisch braucht der Braten 2 Stunden und 20 Minuten, bis er durchgegart, knusprig und zart ist.

Vier Den Braten aus dem Ofen nehmen und an einem warmen Ort 30 Minuten ruhen lassen; warm serviert schmeckt er am besten. Dann in Scheiben schneiden und auf vorgewärmten Serviertellern sowie nach Wunsch mit dem Bratensatz aus dem Bräter anrichten.

Gefülltes Schweinefilet im Parmaschinkenmantel

Die knusprig-salzige Parmaschinkenkruste dieses Filets passt hervorragend zur aromatischen Süße des Pestos und sorgt für ein außerordentlich saftiges Ergebnis. Die Füllung sollte gründlich im Fleisch verschlossen werden.

❶ 450 g Schweinefilet
❷ 2 EL küchenfertiges Pesto
❸ 125 g Büffel-Mozzarella, grob zerkleinert
❹ 5 Scheiben Parmaschinken
❺ 700 g Spinat, gewaschen und ohne harte Stiele
❽ Salz und frisch gemahlener schwarzer Pfeffer; 1 EL natives Olivenöl extra

für 4 Personen

Eins Den Backofen auf 200 °C vorheizen. Das Schweinefilet säubern und längs aufschneiden, aber nicht vollständig trennen. Die Hälften aufklappen und großzügig pfeffern. Ich lege noch immer eine Schicht Klarsichtfolie darüber und bearbeite die Seiten ein wenig mit dem glatten Ende eines Fleischklopfers oder dem Nudelholz.

Zwei Das Fleisch mit dem Pesto bestreichen, die Mozzarellastücke längs in der Mitte verteilen und alles leicht salzen. Die Schinkenscheiben einander leicht überlappend auf der Arbeitsfläche auslegen. Das Filet über der Füllung fest zusammendrücken und in die Schinkenscheiben einrollen. In 2,5-cm-Abständen locker mit Küchengarn befestigen und mit der geöffneten Seite nach unten in einen Bräter legen.

Drei Mit Alufolie bedeckt 15 Minuten garen, dann die Folie entfernen und weitere 25–30 Minuten im Ofen lassen, bis das Fleisch gar und der Schinken knusprig gebräunt ist. Herausnehmen und an einem warmen Ort 5 Minuten ruhen lassen.

Vier Unterdessen den Spinat zubereiten. Dafür den gewaschenen Spinat portionsweise in eine große Pfanne geben und immer erst nachfüllen, wenn etwa eine Handvoll zusammengefallen ist. Alles kurz weiterdünsten, dann in einen Durchschlag geben und die überschüssige Flüssigkeit leicht ausdrücken.

Fünf Das Olivenöl in der Pfanne erhitzen und den abgetropften Spinat hineingeben. Nach Geschmack salzen und pfeffern. Rühren, bis alles gut erhitzt ist. Das Fleisch im Schinkenmantel in Scheiben schneiden und auf vorgewärmten Serviertellern mit dem gedünsteten Spinat reichen. Nach Geschmack den Pfannensatz als Sauce servieren.

Räucherschinkenscheiben mit Cidresauce

Räucherschinken lässt sich im Backofen hervorragend garen. Am besten schmecken luftgetrocknete Sorten. Den Schinken kauft man für dieses Rezept am besten am Stück und schneidet ihn selbst in dicke Scheiben. Dazu passen großartig der Wirsingkohl mit Kümmel (siehe S. 146) und der Sellerie-Kartoffelbrei (siehe S. 151).

❶ 700 g luftgetrockneter Räucherschinken, in vier dicke Scheiben geschnitten
❷ 1 EL englischer Senf
❸ 25 g feinster Zucker
❹ 300 ml trockener Cidre
❺ 2 EL Mehl
🌢 frisch gemahlener schwarzer Pfeffer; 2 EL Olivenöl

für 4 Personen

Eins Die Schinkenscheiben nebeneinander in eine passende Auflaufform legen. Senf und Zucker in einer kleinen Rührschüssel mit 2 Esslöffeln Cidre zu einer glatten Paste verarbeiten. Diese auf die Schinkenscheiben streichen und mit Klarsichtfolie abgedeckt mindestens 10 Minuten (und bis zu 2 Stunden) unter gelegentlichem Wenden marinieren.

Zwei Den Backofen auf 200 °C vorheizen. Die Klarsichtfolie abnehmen und den Schinken 15 Minuten im Ofen garen. Unterdessen das Öl in einer Pfanne erhitzen, das Mehl einrühren und 1 Minute unter Rühren weiter erhitzen. Den restlichen Cidre langsam unterrühren und weitere 2–3 Minuten unter ständigem Rühren köcheln lassen, bis eine sämige Sauce entsteht. Nach Geschmack pfeffern.

Drei Die Schinkenscheiben aus dem Ofen nehmen und die Cidre-Sauce darübergeben. Zusammen weitere 15 Minuten garen, bis das Fleisch zart ist. Schinkenscheiben auf vorgewärmten Tellern anrichten und mit Cidre-Sauce servieren.

Schweinemedaillons mit Apfelglasur

Nach nur einem Tag in der selbst zubereiteten Pökel-Lake sind die Medaillons durch und durch aromatisch gewürzt. Beim Braten geraten sie dann himmlisch saftig. Die süßliche Note, die der braune Zucker in der Lake und die Apfelglasur beisteuern, bewirkt einen reizvollen Geschmackskontrast.

1 50 g brauner Zucker

2 4 Knoblauchzehen, geschält und halbiert

3 4 Schweinemedaillons, jeweils ca. 2,5 cm dick

4 4 EL Apfelmus, mit 1 TL warmem Wasser glattgerührt

5 25 g Butter, gewürfelt

& 100 g Salz; 1½ TL grob gemahlener schwarzer Pfeffer; 1 EL Sonnenblumenöl

für 4 Personen

Eins Zum Pökeln Salz, Zucker, Knoblauch und Pfeffer mit 1,25 l Wasser in einen Topf geben. Bei mittlerer Hitze gerade zum Köcheln bringen und so lange rühren, bis Zucker und Salz ganz aufgelöst sind. Vom Herd nehmen und in eine große Schüssel (nicht aus Metall!) füllen, die das Volumen von Fleisch und Lake fasst. Die Lake gänzlich abkühlen lassen und im Kühlschrank kalt stellen.

Zwei Die Medaillons in die kalte Lake geben, dabei das Fleisch ganz bedecken. Mit Klarsichtfolie abgedeckt 24 Stunden einlegen (nicht länger, sonst gerät das Fleisch zu salzig). Die Medaillons kurz vor dem Kochen herausnehmen und mit Küchenpapier trockentupfen. Ruhen lassen, bis sie wieder Zimmertemperatur angenommen haben.

Drei Eine gusseiserne Pfanne erhitzen. Das Sonnenblumenöl und dann die Schweinemedaillons hineingeben und 10–12 Minuten unter einmaligem Wenden braten. Die Medaillons mit je 1 Esslöffel verdünntem Apfelmus bestreichen und die Butterwürfel in der Pfanne verteilen. Die Medaillons so oft wenden, bis sie gut mit Apfelsauce bedeckt und leicht gebräunt sind. Vom Herd nehmen und vor dem Servieren einige Minuten ruhen lassen.

Tomaten-Risotto mit Prosciutto

Dem luftgetrockneten Prosciutto aus Italien gibt man mindestens ein Jahr Reifezeit, was für ein wunderbares Aroma sorgt. Wer frisches Basilikum zur Hand hat, hebt vor dem Servieren eine Handvoll davon unter das Risotto.

1 8 reife kleine Strauchtomaten, abgezogen, ohne Kerne, in Stücke geschnitten
2 1,25 l Hühnerbrühe
3 350 g Arborioreis
4 225 g italienischer Prosciutto, in dünne Scheiben geschnitten
5 100 ml Sahne
& Salz und frisch gemahlener schwarzer Pfeffer; 5 EL Olivenöl

für 4–6 Personen

Eins 2 EL Olivenöl in einer beschichteten Pfanne erhitzen. Die Tomatenstücke hineingeben, kräftig salzen und pfeffern und 8–10 Minuten unter gelegentlichem Rühren köcheln lassen. Vom Herd nehmen und beiseite stellen.

Zwei Die Hühnerbrühe in einem Topf gerade zum Köcheln bringen. Eine gusseiserne Pfanne erhitzen, 2 EL Olivenöl und dann den Reis zugeben. Unter Rühren kurz weiter köcheln lassen, bis das Öl aufgesogen ist.

Drei Die Brühe kellenweise zum Pfanneninhalt geben und ständig weiter rühren, bis alle Flüssigkeit aufgenommen ist. Die restliche Brühe portionsweise nachgießen, sobald die vorherige Flüssigkeit fast vollständig aufgenommen wurde. Das dauert 18–20 Minuten, bis der Reis bissfest gegart ist.

Vier Unterdessen das restliche Öl in einer großen beschichteten Pfanne erhitzen. Ein paar Scheiben Prosciutto hineingeben und ca. 1 Minute von jeder Seite knusprig braten. Auf einen Teller geben und den Vorgang mit dem restlichen Prosciutto wiederholen, bis nur noch 4 Scheiben für die Garnierung übrig sind. Den gebratenen Schinken fein hacken.

Fünf Wenn der Reis fast gar ist, die Tomaten zusammen mit der Sahne und dem gehackten Schinken einrühren und alles nach Geschmack salzen und pfeffern. Das Risotto auf vorgewärmte Servierschalen verteilen. Die aufbewahrten Schinkenscheiben halbieren und als Garnierung verwenden.

Lamm

Gebackene Lammkeule mit Kartoffelauflauf

Diese Lammkeule ist so mühelos in der Zubereitung, dass man sie ruhig öfter als Sonntagsbraten in Angriff nehmen kann. Im Backofen wird die Keule auf einem Grillrost direkt über der Kartoffelschicht gegart, sodass letztere den herabtropfenden aromatischen Fleischsaft direkt aufnimmt.

1 3 Zwiebeln, in dünne Ringe geschnitten

2 1,5 kg fest kochende Kartoffeln, geschält und in dünne Scheiben geschnitten

3 300 ml frisch gekochte Hühnerbrühe oder Hühnerfond

4 1,75 kg Lammkeule

5 2 Knoblauchzehen, geschält und in dünne Scheiben geschnitten

& Salz und frisch gemahlener schwarzer Pfeffer; 1 EL Olivenöl

für 4–6 Personen

Eins Den Backofen auf 220 °C vorheizen. Das Öl in einer Pfanne erhitzen und die Zwiebeln darin 3–4 Minuten weich dünsten (nicht bräunen). Nach Geschmack salzen und pfeffern. Die Kartoffeln und Zwiebeln in einer passenden Auflaufform, die auch unter das Lammfleisch passt, übereinander schichten. Jede Schicht salzen und pfeffern und mit einer Kartoffelschicht oben enden. Mit Brühe übergießen und beiseite stellen.

Zwei Die Haut der Lammkeule überall mit kleinen, tiefen Einschnitten versehen und dort die Knoblauchscheiben einschieben. Kräftig salzen und pfeffern.

Drei Die Keule auf einem Grillrost über die Kartoffeln und Zwiebeln in den Backofen schieben und 15 Minuten garen. Dann auf 180 °C herunterschalten und pro 450 g je 15 Minuten für medium-gares Fleisch bzw. 20 Minuten für gut durchgebratenes sowie 15 Minuten zusätzlich garen. Eine Keule der angegebenen Größe benötigt 1 Stunde 15 Minuten für medium-gar. Das Fleisch 15 Minuten ruhen lassen, dann aufschneiden und auf vorgewärmten Tellern mit den Auflaufkartoffeln und -zwiebeln servieren.

Lammkarree mit Pistazienkruste

In dieser Variation eines traditionellen Gerichts erhält das Fleisch eine äußerst schmackhafte Pistazienkruste. Bitten Sie Ihren Fleischer darum, das überschüssige Fleisch und Fett von den Rippenknochen zu lösen. Erledigen Sie das selbst, lassen Sie 4–5 cm saubere Knochen außen stehen.

❶ 50 g Butter
❷ 50 g Pistazienkerne
❸ 50 g frische Semmelbrösel
❹ 2 x Lammkarree, je ca. 675 g
❺ 2 TL englischer Senf
& Salz und frisch gemahlener schwarzer Pfeffer

für 4–6 Personen

Eins Die Butter in einem kleinen Topf zerlassen. Mit Pistazienkernen und Semmelbröseln in der Küchenmaschine zu einer krümeligen Masse verarbeiten. Nach Geschmack salzen und pfeffern.

Zwei Die Lammkarrees auf ein Hackbrett legen und mit einem Backpinsel die fette Seite der Karrees dick mit Senf bestreichen. Die Pistazienkerne mit der Hand zu einer gleichmäßigen Kruste andrücken. Die Lammkarrees mit der bestrichenen Seite nach oben auf einen Bogen Backpapier setzen und mindestens 30 Minuten (bis zu 2 Stunden) kalt stellen, bis die Kruste sich gesetzt hat. 10 Minuten vor dem Garen aus dem Kühlschrank nehmen.

Drei Den Backofen auf 200 °C vorheizen. Die Lammkarrees in einem kleinen Bräter 20 Minuten pro 450 g garen, plus 20 Minuten für medium-gares Fleisch oder etwas länger, wenn es gut durchgebraten sein soll. Das Fleisch aus dem Ofen nehmen und beiseite stellen. An einem warmen Ort 10–15 Minuten ruhen lassen, dann vorsichtig in dicke Scheiben schneiden und auf vorgewärmten Tellern servieren.

Lammfleisch vom Grill mit Bohnen-Pesto-Püree

Dieses Rezept gelingt am besten im späten Frühjahr, wenn frisches Lammfleisch Saison hat. Die Saubohnen müssen nicht frisch sein – aber Tiefkühlkost ist wesentlich nährstoffreicher als Bohnen aus der Dose.

1 450 g neue Kartoffeln, gründlich gewaschen und gebürstet

2 4 Lendenkoteletts vom Lamm à 175 g, Fett entfernt

3 250 g Saubohnen

4 1 kleine Zwiebel, fein gehackt

5 2 EL küchenfertiges Pesto

& Salz und frisch gemahlener schwarzer Pfeffer; 1 EL Olivenöl

für 4 Personen

Eins Den Backofengrill vorheizen. Die Kartoffeln halbieren und in einen Topf mit kochendem Salzwasser geben. Abgedeckt 10–15 Minuten weich kochen.

Zwei Das Fleisch salzen und pfeffern. Unter dem Backofengrill 5–6 Minuten von jeder Seite grillen. Aus dem Ofen nehmen und an einem warmen Ort einige Minuten ruhen lassen.

Drei Unterdessen die Saubohnen in einen Topf mit kochendem Salzwasser geben und 3–4 Minuten weich kochen. Abgießen und gleich mit kaltem Wasser abspülen, damit sie nicht weitergaren. Die Bohnen etwas abkühlen lassen und dann einzeln aus der grauen Bohnenhaut herausdrücken. Bis zur weiteren Verwendung beiseite stellen.

Vier Das Olivenöl in einer Pfanne erhitzen und die Zwiebel 2–3 Minuten andünsten (nicht bräunen).

Fünf Die Kartoffeln abgießen und mit dem Pesto und den Saubohnen unter die Zwiebel mischen. Nach Geschmack evtl. nachwürzen und auf vorgewärmten Tellern mit den Lammkoteletts servieren.

Orangen-Lammsteaks mit Johannisbeergelee

Wer sein Steak lieber gut durchgebraten mag, gibt diesen feinen, saftigen Lammsteaks ein paar Minuten länger in der Pfanne. Auf dem Grill gelingen sie natürlich ebenso gut.

1 1 unbehandelte Orange
2 1 EL angewärmtes Johannisbeergelee, plus zusätzlich, zum Servieren
3 1 TL englischer Senf
4 1 TL frischer Rosmarin, gehackt
5 4 Lammsteaks à 200 g, ohne Knochen
& Salz und frisch gemahlener schwarzer Pfeffer; 2 EL Olivenöl

für 4 Personen

Eins Die Orangenschale in eine Schüssel reiben und den Saft darüber auspressen. Olivenöl, Johannisbeergelee, Senf und Rosmarin einrühren. Nach Geschmack salzen und pfeffern und in eine Schale (nicht aus Metall) geben. Die Lammsteaks in der Mischung wenden. Das Fleisch mit Klarsichtfolie abdecken und mindestens 15 Minuten (bis zu 24 Stunden) beiseite stellen, damit das Fleisch gut durchgewürzt wird.

Zwei Eine beschichtete Pfanne auf höchster Stufe erhitzen. Die Lammsteaks ein wenig abtropfen lassen und dann in die Pfanne legen. 8–10 Minuten braten, dabei einmal wenden. Wenn sich das Fleisch wölbt, mit einem Holzlöffel leicht von oben andrücken. Dann die Steaks vom Herd nehmen und einige Minuten ruhen lassen. Die Steaks mit je 1 TL Johannisbeergelee garnieren und auf vorgewärmten Tellern servieren.

Lamm-Schmetterling mit Harissa und gebackenen Süßkartoffeln

Die Lammkeule kann bereits beim Kauf vom Fleischer gleichmäßig dick zum „Schmetterling" aufgeschnitten werden. Wer das selbst erledigen möchte, setzt dort an, wo der Hauptknochen am dichtesten an der Oberfläche sitzt und macht einen tiefen Schnitt entlang des Knochens. Dann nach beiden Seiten aufklappen. Am dickeren Ende befindet sich noch eine Gruppe kleinerer Knochen, bei denen der Schnitt beendet wird und die dann entfernt werden.

❶ 1 große Knoblauchknolle

❷ 2 EL Harissa (Würzpaste)

❸ 6 EL Naturjoghurt (am besten griechischer mit 10% Fett), weich gerührt

❹ 3 kg Lammkeule, entbeint, ohne Fett, gleichmäßig ca. 5 cm dick aufgeschnitten

❺ 675 g Süßkartoffeln, geschält und in 2,5 cm große Stücke geschnitten

& Salz und frisch gemahlener schwarzer Pfeffer; 4 EL Olivenöl

für 4–6 Personen

Eins Den Backofen auf 190 °C vorheizen. Das obere Ende der Knoblauchknolle entfernen, sodass sich die Zehen nach dem Garen leicht ausdrücken lassen. Die Knolle in Alufolie wickeln und 40–45 Minuten backen, bis sie sich weich anfühlt. Aus dem Ofen nehmen und leicht abkühlen lasse, dann die Knoblauchzehen in eine Schüssel drücken. Die Hälfte des Olivenöls, Harissa und Joghurt dazugeben und alles zu einer glatten Paste verrühren.

Zwei Das Lammfleisch in eine flache Schüssel (nicht aus Metall) legen, von allen Seiten mit der Harissa-Mischung bestreichen, dann mindestens 2–3 Stunden bei Zimmertemperatur ruhen lassen.

Drei Den Backofen auf 240 °C vorheizen. Fleisch aus dem Kühlschrank erst Zimmertemperatur annehmen lassen, dann mit der aufgeschnittenen Seite nach oben in einen Bräter geben und salzen. Auf einen Ofenrost stellen und auf der untersten Schiene 15 Minuten garen, dann wenden. In weiterer 10 Minuten ist es „englisch" gar, also noch zartrosasaftig.

Vier Unterdessen die Süßkartoffeln ins restliche Öl geben und kräftig salzen und pfeffern, dann in einen zweiten Bräter füllen. Auf oberster Schiene im Backofen 18–20 Minuten weich garen. Dabei gelegentlich wenden. Dann die Süßkartoffeln aus dem Ofen nehmen und warm stellen.

Fünf Das Fleisch aus dem Ofen nehmen und auf einer vorgewärmten Servierplatte anrichten. An einem warmen Ort 10 Minuten ruhen lassen. Wer das Fleisch nicht ganz so rosa mag, bedeckt es jetzt mit Alufolie und lässt es im eigenen Saft weitergaren. Dann in Scheiben schneiden und mit den Süßkartoffeln auf Serviertellern anrichten.

Grillrezepte

Spare Ribs mit Ahornsirupglasur

Ärgerlicherweise gibt es an Supermarkt-Fleischtheken oft keine Rippchen am Stück zu kaufen. Aber sie sind im Fleischfachhandel am Stück erhältlich. Ich empfehle, die Rippchen zuerst im Backofen gut durchzugaren, bevor sie auf den Grill kommen.

1. 2 kg Rippchen vom Schwein (in 2–3 Stücken)
2. 150 ml Ahornsirup
3. 1 TL Cayennepfeffer
4. 2 große Knoblauchzehen, zerdrückt
5. 6 EL Tomatenketchup
&. Salz und frisch gemahlener schwarzer Pfeffer

für 4 Personen

Eins Den Backofen auf 190 °C vorheizen. Die Rippchen in einem großen Bräter 45–60 Minuten garen – je nach Größe des Stücks. Dann die Rippchen beiseite stellen, bis sie auf dem Holzkohlegrill fertig gegart werden. Soll das Fleisch nicht innerhalb weniger Stunden zubereitet werden, mit Klarsichtfolie abdecken und kalt stellen, dann vor der Verwendung wieder auf Zimmertemperatur bringen.

Zwei Den Holzkohlegrill entzünden. Den Ahornsirup in einer Schale mit Cayennepfeffer, Knoblauch, Tomatenketchup, Salz und Pfeffer vermengen. Damit die Rippchen bestreichen und bei mittelstark glühenden Kohlen 10–15 Minuten grillen, dabei gelegentlich wenden und mehr von der Glasur auftragen. So lange grillen, bis die Rippchen durchgebraten sind und die Glasur karamellisiert ist.

Drei Das Fleisch vom Holzkohlegrill nehmen und ein letztes Mal mit Glasur bestreichen. Dann in einzelne Rippchen zerteilen und auf vorgewärmten Tellern servieren. Dazu genügend Servietten und Fingerschalen reichen.

Hähnchenspieße Yakitori

Diese Spieße sind ruckzuck vorbereitet und garantiert immer das Erste, was Sie auf Ihrer Party nachlegen müssen. Traditionelle japanische Zutaten finden Sie in Asia-Märkten, aber auch immer mehr Supermärkte führen sie.

1 6 EL japanische Sojasauce, plus zusätzlich, zum Dippen
2 2 EL Sake (Reiswein)
3 3 EL Mirin (süßer Reiswein)
4 1 EL feinster Zucker
5 450 g Hähnchenschenkel, entbeint

für 4 Personen

Eins Sojasauce, Mirin, Sake und Zucker in einen kleinen Topf geben. Zum Kochen bringen, dann herunterschalten und die Mischung ca. 5 Minuten unter gelegentlichem Rühren köcheln lassen, bis sie zu einer sirupartigen Sauce einkocht. In einer flachen Schüssel (nicht aus Metall!) abkühlen lassen.

Zwei Die Hähnchenschenkel in 2 cm große Würfel schneiden und in die abgekühlte Marinade legen. Mit Klarsichtfolie abgedeckt mindestens 2 Stunden oder über Nacht kalt stellen.

Drei Den Holzkohlegrill entzünden. 8 kurze Bambusspieße (15 cm) 30 Minuten in einer flachen Schüssel mit kaltem Wasser einweichen, damit sie später nicht anbrennen.

Vier Die Hähnchenwürfel auf die Spieße stecken und bei mittelstark glühenden Kohlen 6–8 Minuten grillen, dabei gelegentlich mit der Marinade bestreichen. Auf vorgewärmten Tellern servieren, dazu Sojasauce in Schälchen zum Dippen reichen.

Süße Hoisin-Würstchen

Die asiatisch gewürzten Würstchen sorgen bei hungrigen Grillgästen für gute Laune, bevor der Hauptgang gar ist. Sie können auch gut im Vorhinein im Backofen zubereitet werden.

1 1 kg Cocktailwürstchen vom Schwein
2 6 EL Hoisinsauce (asiatische Würzsauce)
3 1 EL süße Chilisauce
4 1 EL dunkle Sojasauce
5 2 EL frisch geriebene Ingwerwurzel

für 4–6 Personen

Eins Den Backofen auf 200 °C vorheizen. Die Würstchen in einer Lage in einen beschichteten Bräter legen.

Zwei Hoisinsauce, Chilisauce, Sojasauce und Ingwer in einer Schüssel vermengen und über die Würstchen gießen.

Drei 20 Minuten backen, dann das überschüssige Fett abtropfen lassen, die Würstchen wenden und weitere 10–15 Minuten grillen. Heiß auf Cocktailspießen servieren.

Gegrillter Seebarsch nach Thai-Art

Zwar ein Fisch, kein Fleisch, aber er lässt sich anstandslos grillen!

1. 4 ganze Seebarsche à 350 g (alternativ Meeräsche), geschuppt
2. 4 EL thailändische rote Currypaste
3. 4 EL Kokoscreme
4. 2 Limetten
5. 2 Knoblauchzehen, geschält und in dünne Scheiben geschnitten

für 4
Personen

Eins Den Holzkohlegrill entzünden. Die Fische von beiden Seiten mehrmals quer einschneiden und auf ein Stück Alufolie legen.

Zwei Currypaste und Kokoscreme in einer Schüssel zu einer dicken Paste vermengen und den Fisch damit bis in die Einschnitte hinein einstreichen.

Drei Die Limetten in dünne Scheiben schneiden. In jeden Schnitt eine Scheibe schieben und die Knoblauchscheibchen darüber verteilen. Die Alufolie darüber zu einem lockeren Päckchen falten und die Fische bei stark glühenden Kohlen 15–20 Minuten unter gelegentlichem Wenden grillen, bis sie gut durchgegart und zart sind.

Vier Die Päckchen auf vorgewärmten Tellern servieren, sodass die Gäste sie individuell öffnen können – das Aroma ist sensationell! Nach Geschmack mit Koriander garnieren.

Lamm-Köfte

Zu den Köfte passen gut Zitronenspalten, Joghurt und gegrilltes Pitabrot.

1. 1 Zwiebel, grob gehackt
2. 450 g mageres Lammfleisch, durch den Fleischwolf gedreht
3. 2 EL Harissa
4. 1 EL gemahlener Kreuzkümmel
5. 2 EL frisch gehackter Koriander
&. Salz und frisch gemahlener schwarzer Pfeffer; Olivenöl zum Bestreichen

für 4
Personen

Eins Den Holzkohlegrill entzünden. 8 kurze Bambusspieße (15 cm) 30 Minuten in einer flachen Schüssel mit kaltem Wasser einweichen, damit sie später nicht anbrennen.

Zwei Die Zwiebel in der Küchenmaschine pürieren, dann Fleisch, Harissa, Kreuzkümmel und Koriander zugeben. Kräftig salzen und pfeffern und kurz zu einer homogenen Masse weiterverarbeiten.

Drei Die Lammmischung in acht Portionen teilen und jede Portion um einen eingeweichten Spieß herum zu einer langen Wurst formen.

Vier Die Köfte mit etwas Öl bestreichen und bei mittelstark glühenden Kohlen 8–10 Minuten unter gelegentlichem Wenden grillen, bis sie leicht gebräunt sind. Auf vorgewärmten Tellern anrichten und servieren.

Hähnchen-
schenkel

Hähnchen nach vietnamesischer Art

Hähnchenschenkel sind nicht nur preisgünstiger als das Brustfilet, sondern können auch aromatischer zubereitet werden. Das Geheimnis bei diesem Rezept liegt im langsamen Garprozess – ein Filet wäre danach ausgetrocknet, das Schenkelfleisch aber gerät so besonders saftig und schmackhaft. Dazu passt Duftreis und gedämpfter Pak-Choi-Kohl.

❶ 4 EL Kecap manis (indonesische Sojasauce, erhältlich in Asia-Märkten)
❷ 1 EL frisch geriebene Ingwerwurzel
❸ 2 Knoblauchzehen, zerdrückt
❹ ½ TL Chinagewürz
❺ 8 Hähnchenschenkel, entbeint
& 1 EL Sonnenblumenöl

für 4 Personen

Eins Für die Marinade das Kecap manis mit Ingwer, Knoblauch und Chinagewürz gut in einer Schüssel vermengen. Das Hähnchenfleisch in einer flachen Schale (nicht aus Metall!) mit der Marinade übergießen, dabei einmal wenden. Mit Klarsichtfolie abgedeckt mindestens 2 Stunden oder über Nacht kalt stellen, währenddessen das Fleisch mehrmals wenden. Vor dem Garen wieder auf Zimmertemperatur bringen und die überschüssige Marinade mit Küchenpapier abtupfen.

Zwei Eine Pfanne auf mittlerer Stufe erhitzen. Das Öl zugeben und die Hähnchenschenkel mit der Haut nach unten hineinlegen. Auf unterste Stufe herunterschalten und 20–30 Minuten knusprig braten. Die Hähnchenschenkel beim Garen nicht mehr anrühren, auch nicht an der Pfanne rütteln, so gerät das Fleisch schön saftig und die Haut sehr schmackhaft.

Drei Wenn das Fleisch gut gebräunt ist und das Innere noch nicht vollkommen gar, die Hähnchenschenkel wenden und weitere 5–6 Minuten braten, bis sie ganz gar sind. Vom Herd nehmen und 5 Minuten an einem warmen Ort ruhen lassen. Auf vorgewärmten Serviertellern anrichten.

Hähnchenschenkel mit Linsenragout

Den erdigen Geschmack von Linsen habe ich schon immer gern mit knusprigen Hähnchenschenkeln kombiniert. Statt der grünen Linsen aus Le Puy in Frankreich habe ich bei dieser Variante oft auch schon rote oder gelbe Linsen mit großem Erfolg eingesetzt.

1 8 Hähnchenschenkel mit Knochen
2 2 Porreestangen, geputzt und in dünne Ringe geschnitten
3 2 Karotten, fein gewürfelt
4 2 Selleriestangen, geputzt und fein gewürfelt
5 250 g Puy-Linsen (grüne Linsen)
& Salz und frisch gemahlener schwarzer Pfeffer; 3 EL Olivenöl

für 4
Personen

Eins Die Knochen aus den Hähnchenschenkeln lösen und letztere von Fett befreien. Knochen und Fett mit der Hälfte Porree, Karotten und Sellerie in einen Topf geben. 1,25 l Wasser zugießen und zum Kochen bringen, dann herunterschalten und ca. 1 Stunde köcheln lassen, bis eine aromatische Brühe entstanden ist. Die Brühe durch ein feines Sieb abseihen und beiseite stellen. Insgesamt benötigt man ca. 300 ml.

Zwei Eine Pfanne auf mittlerer Stufe erhitzen. 1 EL Öl hineingeben und die Hähnchenschenkel mit der Hautseite nach unten in die Pfanne legen. Auf unterste Stufe herunterschalten und 20–25 Minuten garen. Die Hähnchenschenkel beim Garen nicht mehr anrühren, auch nicht an der Pfanne rütteln, so gerät das Fleisch schön saftig und die Haut sehr knusprig.

Drei Wenn das Fleisch gut gebräunt ist und das Innere noch nicht vollkommen gar, die Hähnchenschenkel wenden und weitere 5–6 Minuten braten, bis sie ganz gar sind. Vom Herd nehmen und 5 Minuten an einem warmen Ort 5 Minuten ruhen lassen.

Vier In der Zwischenzeit die getrockneten Puy-Linsen unter fließend kaltem Wasser abspülen und mit 600 ml Wasser in einen Topf geben. Eine Prise Salz zugeben und zum Kochen bringen, dann herunterschalten und 15–20 Minuten köcheln lassen, bis die Linsen bissfest sind. Durch ein Sieb abgießen und beiseite stellen.

Fünf Unterdessen das restliche Öl in einer Pfanne erhitzen und den Rest Porree, Karotten und Sellerie ca. 10 Minuten köcheln lassen. Die Linsen und die Brühe einrühren. Nach Geschmack salzen und pfeffern und ein paar Minuten köcheln lassen, bis der Großteil der Brühe aufgenommen und das Gemüse weich gegart ist. Jeden Hähnchenschenkel in 2 oder 3 Scheiben schneiden. Die Linsen auf vorgewärmte Servierteller verteilen und die Hähnchenteile darauf anrichten.

Hähnchen-Butternut-Kürbis-Risotto

Wenn hier etwas übrig bleibt, kann man daraus wunderbare Risotto-Küchlein backen: Dafür einfach das kalte Risotto zu handtellergroßen Fladen formen, in einer Mischung aus Semmelbröseln und frisch geriebenem Parmesan wälzen und in Pflanzenfett goldbraun braten.

1 4 Hähnchenschenkel mit Knochen

2 1 Butternut-Kürbis, geschält, von Kernen befreit und gewürfelt

3 2 große Porreestangen, geputzt und fein gehackt

4 1.2 l Hühnerbrühe

5 350 g Arborioreis

& Salz und frisch gemahlener schwarzer Pfeffer; 4 EL Olivenöl

für 4–6 Personen

Eins Den Backofen auf 200 °C vorheizen. Die Hähnchenschenkel in einen Bräter schichten und kräftig salzen und pfeffern. Ca. 40 Minuten im Ofen garen. Aus dem Ofen nehmen und abkühlen lassen, dann die Hähnchenschenkel von Knochen und Haut befreien und in mundgerechte Stücke schneiden. Auf einem Teller beiseite stellen.

Zwei Die Hälfte des Öls in einer Sautierpfanne oder großen Bratpfanne erhitzen, Kürbiswürfel zugeben und mit Salz und Pfeffer würzen. Unter gelegentlichem Wenden ca. 5 Minuten auf höchster Stufe braten, bis der Kürbis karamellisiert. Herunterschalten, die Hälfte des Porrees zugeben und auf unterster Stufe weitere 2–3 Minuten garen, dabei gelegentlich umrühren. Der Kürbis sollte beim Anschneiden vollständig weich gegart sein. In eine Schüssel geben und bis zur weiteren Verwendung beiseite stellen.

Drei Die Brühe in einen großen Topf geben und auf mittlerer Stufe zum Köcheln bringen. Die Kürbispfanne auswischen und wieder auf den Herd stellen. Darin im restlichen Öl den restlichen Porree einige Minuten anbraten.

Vier Den Reis zur Porreemischung geben und unter ständigem Rühren 1 Minute weiterkochen. Die köchelnde Brühe kellenweise in die große Pfanne gießen und ständig weiterrühren, bis die ganze Flüssigkeit aufgenommen ist. Die nächste Kelle Brühe immer erst nachfüllen, wenn die vorherige fast ganz aufgesogen wurde. Der ganze Vorgang sollte 18–20 Minuten dauern, bis der Reis bissfest gegart ist.

Fünf Die beiseite gestellten Hähnchenteile und die Kürbismischung auf einmal in die Risottopfanne geben und alles kurz, aber kräftig verrühren. Alles gut erhitzen, dann nach Geschmack salzen und pfeffern. In tiefen Tellern anrichten und sofort servieren.

Saftige Hähnchenschenkel mit Kräuter-Zwiebel-Füllung

Dieses Gericht kann auch gut als preisgünstiger Ersatz für jeden Geflügelbraten dienen: Zur Vervollständigung braucht es nur einige gekochte neue Kartoffeln in Öl, die im Backofen um die gefüllten Hähnchenschenkel herum angerichtet werden. Dazu ein paar gedünstete Tiefkühlerbsen, und fertig ist das Festtags-Dinner.

1 25 g Butter, plus zusätzlich, zum Einfetten

2 1 kleine Zwiebel, fein gehackt

3 50 g frische Semmelbrösel

4 1 EL frische glattblättrige Petersilie, gehackt

5 8 Hähnchenschenkel, entbeint und sorgfältig von Fett befreit

& Salz und frisch gemahlener schwarzer Pfeffer

für 4 Personen

Eins Den Backofen auf 180 °C vorheizen. Die Butter in einer Pfanne zerlassen und die Zwiebel darin 3–4 Minuten anschwitzen. Semmelbrösel und Petersilie einrühren und alles nach Geschmack salzen und pfeffern. Die Füllung auf die Hähnchenschenkel verteilen und gut verstreichen. Das Fleisch um die Füllung herum falten und dann mit Zahnstochern befestigen.

Zwei Einen Bräter einfetten und die gefüllten Hähnchenschenkel hineinschichten. Das Fleisch großzügig mit Salz und Pfeffer bestreuen und 30–35 Minuten garen, dabei gegen Hälfte der Garzeit mit Butter beträufeln. Herausnehmen, wenn die Haut goldbraun und knusprig ist. Die Hähnchenschenkel sofort auf vorgewärmten Tellern servieren.

Hähnchen-Porree-Kartoffel-Pie

Ein echtes Trostessen – das in Butter geschwenkte Broccoliröschen oder Erbsen noch perfekt ergänzen würden. Statt der Hähnchenschenkel eignet sich auch klein geschnittenes Lachsfilet. Alternativ können Sie Schinkenwürfel oder Grillhähnchenteile vom Vortag unter die eingekochte Sauce heben.

1 6 Hähnchenschenkel, entbeint und ohne Haut, mundgerecht geschnitten

2 2 Porreestangen, geputzt und in Scheiben geschnitten

3 350 g mehlige Kartoffeln, geschält und in mundgerechte Würfel geschnitten

4 300 g Crème double

5 1 Paket Tiefkühlblätterteig, aufgetaut

& Salz und frisch gemahlener schwarzer Pfeffer; 2 EL Olivenöl

für 4 Personen

Eins Den Backofen auf 220 °C vorheizen. Die Hähnchenwürfel kräftig salzen und pfeffern. Die Hälfte des Öls in einer großen gusseisernen Pfanne erhitzen und die Hähnchenwürfel darin bei mittlerer Hitze kurz anbraten. Dann mit einem Schaumlöffel aus der Sauce heben und auf einem Teller beiseite stellen.

Zwei Das restliche Öl in die Pfanne gießen, Porree und Kartoffeln hineingeben und bei mittlerer Hitze 5 Minuten garen, bis der Porree weich ist. Die Hähnchenwürfel wieder in die Pfanne geben und alles mit Crème double übergießen (dabei einen Esslöffel voll fürs Glasieren aufheben). Zum Kochen bringen, dann herunterschalten und 3–4 Minuten köcheln lassen, bis die Sauce etwas eingekocht ist und die Kartoffeln fast gar sind. Nach Geschmack salzen und pfeffern.

Drei Die Hähnchen-Kartoffel-Mischung in eine Auflaufform (mehr als 1 l Fassungsvermögen) geben und leicht abkühlen lassen. Unterdessen den Blätterteig zu einem Kreis ausrollen, der etwas größer ist als die Auflaufform und den Rand passend abschneiden. Den abgeschnittenen Teig in ca. 2,5 cm breite Streifen schneiden. Die obere Kante der Form mit Wasser anfeuchten und mit den Streifen belegen. Dann den Blatterteigkreis als Pie-Decke obenauf legen. An den Kanten fest andrücken und überstehende Teigenden abschneiden.

Vier Die restliche Sahne auf die Pie-Decke streichen (aber nicht an den Kanten oder Seiten, sonst geht der Pie nicht auf). Etwa 25–30 Minuten goldbraun backen, dann sofort am Tisch aus der Form servieren.

Hähnchenbrust

Hähnchenstreifen mit Guacamole und Limette

Dieses Rezept bereite ich am liebsten in einer Grillpfanne mit Rillen zu, da das Fleisch darin eine dekorative Zeichnung und einen leichten Rauchgeschmack annimmt. Aber eine normale beschichtete Bratpfanne tut es auch. Wenn die Zeit nicht zu knapp ist, mariniert man das Fleisch länger in der Limettenmischung, dann gelingt es besonders zart.

❶ 1 unbehandelte Limette
❷ 2 EL frisch gehackter Koriander
❸ 4 Hähnchenbrustfilets à 100 g, in 6–7 Streifen geschnitten
❹ 175 g küchenfertige Guacamole
❺ 1 Strauchtomate, gewürfelt
& Salz und frisch gemahlener schwarzer Pfeffer; 2 EL Olivenöl

für 4 Personen

Eins Eine Grillpfanne oder beschichtete Bratpfanne erhitzen. Die Schale der Limette in eine Schüssel reiben, dann die Limette halbieren und den Saft der halben Frucht in die Schüssel auspressen. Die andere Hälfte in vier Spalten schneiden und beiseite stellen.

Zwei Das Olivenöl mit der Hälfte des Korianders, einer Prise Salz und viel frisch gemahlenem schwarzem Pfeffer zur Limettenmischung geben. Die Hähnchenstreifen mit dieser Mischung bestreichen und nach Möglichkeit einige Stunden marinieren. Dann in der Grillpfanne 4–5 Minuten goldbraun braten, dabei einmal wenden.

Drei Unterdessen die Guacamole in eine Schüssel geben und den restlichen Koriander sowie die Tomate unterrühren. Nach Geschmack salzen und pfeffern.

Vier Die Hähnchenstreifen mit einem Esslöffel Guacamole auf Serviertellern anrichten. Kurz vor dem Servieren mit Saft aus den Limettenvierteln beträufeln.

Glasierte Zitronen-Hähnchenbrustfilets

Die süße Glasur verleiht den Filets ein unwiderstehliches Aroma.

1. 4 TL flüssiger Honig
2. Saft von 1 Zitrone
3. 1 TL gemahlener Paprika edelsüß
4. 4 Hähnchenbrustfilets à 100 g
5. 150 g gemischter Blattsalat
& Salz und frisch gemahlener schwarzer Pfeffer; 5 EL Olivenöl

für 4 Personen

Eins 2 Esslöffel vom Olivenöl in eine flache Schale (nicht aus Metall!) geben und 1 Teelöffel Honig, die Hälfte des Zitronensafts sowie das Paprikapulver hinzufügen. Nach Geschmack salzen und pfeffern und alles gut verrühren.

Zwei Die Hähnchenbrustfilets schräg halbieren und in die Honigmischung legen, dann mindestens 10 Minuten (bis zu 24 Stunden) mit Klarsichtfolie abgedeckt kalt stellen.

Drei Das restliche Olivenöl, Honig und Zitronensaft mischen und nach Geschmack salzen und pfeffern.

Vier Eine Grillpfanne oder beschichtete Bratpfanne stark erhitzen. Die Hähnchenteile darin 1–2 Minuten von jeder Seite braten, bis die Glasur zu karamellisieren beginnt.

Fünf Den Salat mit dem Dressing beträufeln, auf Serviertellern mit den Hähnchenteilen anrichten und sofort servieren.

Hähnchen mit grüner Chilibutter

Milder gelingt dieses Gericht mit zwei zerdrückten Knoblauchzehen statt der Chili.

1. 50 g weiche Butter
2. 2 EL frisch gehackter Koriander, plus zusätzlich, zum Garnieren
3. 1 milde grüne Chili, entkernt und fein gehackt
4. 4 Hähnchenbrusthälften mit Haut
5. Saft von ½ Zitrone
& Salz und frisch gemahlener schwarzer Pfeffer

für 4 Personen

Eins Den Backofen auf 200 °C vorheizen. Die Butter in einer Schüssel mit Koriander und Chili schaumig rühren. Mit Salz und Pfeffer würzen.

Zwei Die Hähnchenbrust je dreimal 5 mm tief einschneiden. Mit der Hautseite nach oben in einen Bräter geben. Die Chilibutter in die Schnitte streichen und mit Zitronensaft beträufeln.

Drei 45–50 Minuten im Ofen goldbraun garen und mit Koriander garniert servieren.

Gorgonzola-Hähnchentaschen mit grünem Spargel

Eine cremige Blauschimmelkäsesorte wie Cashel eignet sich hier auch gut.

❶ 4 Hähnchenbrustfilets à 100 g
❷ 100 g Gorgonzola, in vier gleich große Portionen geteilt
❸ 12 frische Salbeiblätter
❹ 8 Scheiben Parmaschinken
❺ 550 g grüne Spargelspitzen, geputzt
& Salz und frisch gemahlener schwarzer Pfeffer; 2 EL Olivenöl

für 4 Personen

Eins Den Backofen auf 180 °C vorheizen.

Zwei Von der dickeren Seite her beginnend jedes Filet mit einem tiefen waagerechten Einschnitt versehen und mit je einem Stück Gorgonzola füllen. Auf jedes Stück Fleisch drei Salbeiblätter legen und mit je 2 Scheiben Schinken umwickeln. Mit Küchengarn oder Zahnstochern befestigen und nach Geschmack salzen und pfeffern.

Drei Die Hälfte des Öls in einer großen feuerfesten Pfanne erhitzen und das Fleisch darin 1–2 Minuten von jeder Seite braten.

Vier Unterdessen die Spargelspitzen im restlichen Öl wenden. Um die Hähnchenrollen herum verteilen, dann die ganze Pfanne in den Backofen stellen und den Inhalt 8–10 Minuten weich garen. Herausnehmen, das Küchengarn oder die Zahnstocher entfernen und alles auf vorgewärmten Tellern servieren.

Schmorhähnchen mit Estragon-Sahnesauce

Hierzu passt im Grunde jede Beilage aus Kartoffeln und Gemüse.

❶ 50 g Butter
❷ 4 Hähnchenbrustfilets à 100 g
❸ 125 ml trockener Weißwein
❹ 150 g Crème double
❺ 2 EL frisch gehackter Estragon
& Salz und frisch gemahlener schwarzer Pfeffer; 1 EL Olivenöl

für 4 Personen

Eins Butter und Öl in einer Sautierpfanne oder großen Bratpfanne zerlassen. Die Hähnchenbrustfilets von beiden Seiten salzen und pfeffern, in die Pfanne geben und 1–2 Minuten von jeder Seite bräunen. Den Weißwein zugießen, gründlich verrühren und 3–4 Minuten auf höchster Stufe zu einer Sauce einkochen, dabei das Fleisch gelegentlich wenden.

Zwei Crème double und Estragon einrühren und kräftig salzen und pfeffern. Weitere 3–4 Minuten köcheln lassen, dabei die Hähnchenbrustfilets gelegentlich wenden, bis das Fleisch gar ist. Die Filets auf vorgewärmten Tellern anrichten und mit der Sauce servieren.

Fisch und Meeresfrüchte

Meeresbewohner profitieren in der Küche geschmacklich enorm von ein paar wenigen, aber wichtigen Geschmackszusätzen wie Zitrone oder Butter. Gehaltvollere Sorten können es gut mit kräftigen Würzbeigaben wie Chorizowurst oder Cajun-Gewürzen aufnehmen. Zu Meeresfrüchten passt Chili hervorragend – und alles fast ohne Aufwand!

Fisch

Seehecht mit Chorizo-Olivendressing

Diese Hechtspezialität aus dem Mittelmeerraum entfaltet ein fantastisches Aroma – am besten passen dazu ein grüner Salat und ein gut gekühlter trockener Weißwein. Das Gelingen des Gerichts hängt ganz von der Qualität der Zutaten ab, also beim Einkauf ruhig sehr wählerisch vorgehen! Alternativ eignen sich auch Kabeljau oder Schellfisch gut.

1 4 Seehechtfilets à 175 g, ohne Gräten und mit Haut
2 100 g Chorizowurst, ohne Pelle und gewürfelt
3 100 g schwarze Oliven, ohne Stein
4 1 EL frische glattblättrige Petersilie, gehackt
5 ein großzügiger Spritzer Zitronensaft
& Meersalz und frisch gemahlener schwarzer Pfeffer; 2 EL Olivenöl

für 4 Personen

Eins Die Hälfte des Olivenöls in einer tiefen, gusseisernen Pfanne erhitzen und die Seehechtfilets mit der Haut nach unten hineingeben. 2–3 Minuten anbraten, bis die Haut knusprig gebräunt ist. Filets wenden und je nach Dicke der Filets weitere 3–4 Minuten durchbraten. Gebratene Hechtfilets auf einem vorgewärmten Teller warm stellen.

Zwei Das restliche Olivenöl in die Pfanne geben und die Chorizowurst zugeben. 2–3 Minuten schmoren, bis die Wurst ihr Fett abzugeben beginnt. Vom Herd nehmen und Oliven, Petersilie und Zitronensaft zugeben. Die Pfanne etwas schwenken, bis ein dickflüssiges Dressing entsteht, und nach Geschmack mit Salz und Pfeffer würzen. Den Seehecht auf vorgewärmten Tellern mit der Hautseite nach oben servieren. Das Chorizo-Olivendressing um die Filets herum anrichten.

Schwertfisch mit Mango-Chili-Salsa

Schwertfisch, der üblicherweise in Form von Steaks verkauft wird, ist sehr gehaltvoll und verträgt starke Würze ohne weiteres. Vorsicht bei den Zeiten, nach zu langem Garen trocknet der Fisch schnell aus!

1 4 Schwertfischsteaks à 175 g
2 1 kleine, feste und reife Mango
3 1 kleine milde rote Chili, entkernt und fein gehackt
4 1 EL frisch gehackter Koriander
5 Saft von ½ Limette
& Salz und frisch gemahlener schwarzer Pfeffer; Olivenöl, zum Bestreichen

für 4 Personen

Eins Eine Grillpfanne erhitzen. Den Schwertfisch von allen Seiten mit Olivenöl bestreichen und kräftig salzen und pfeffern. Die Schwertfischsteaks in die Pfanne geben und 3–4 Minuten von jeder Seite braten. Auf Druck sollten sie noch weich nachgeben.

Zwei Unterdessen die Mango schälen und würfeln, den Stein wegwerfen. Mit Chili, Koriander und Limettensaft in eine Schüssel geben. Salzen und pfeffern und alles gut verrühren.

Drei Die Schwertfischsteaks auf Serviertellern mit je 2 Esslöffeln von der Mango-Salsa anrichten und servieren. Nach Geschmack dazu einen frischen Rucolasalat reichen.

Glattbutt in Estragon und saurer Rahmsauce

Steinbutt eignet sich ebenso gut für dieses Rezept.

1 4 Glattbuttfilets à 100–150 g, ohne Haut
2 2 kleine Zitronen
3 175 g Crème double
4 1 EL frisch gehackter Estragon
5 1 TL Zucker
& Salz und frisch gemahlener schwarzer Pfeffer; Olivenöl, zum Einfetten

für 4 Personen

Eins Den Backofen auf 200 °C vorheizen. Eine große Schüssel mit Olivenöl fetten. Eine Zitrone halbieren und 2 EL Saft in eine Schüssel auspressen. Die Crème double mit Estragon und Zucker einrühren und salzen und pfeffern.

Zwei Die Fischfilets in die geölte Schüssel schichten und vollständig mit der sauren Sauce übergießen. Im Backofen etwa 10–15 Minuten garen, bis der Fisch zart geworden ist.

Drei Die Filets auf vorgewärmte Teller verteilen und die ganze restliche Sauce auf den Rest verteilen. Die zweite Zitrone in Spalten schneiden und den Fisch portionsweise mit je einer Zitronenspalte garniert servieren.

Gegrillte Sardinen mit Rote-Bete-Zaziki

Sardinen verwendet man ausschließlich ganz fangfrisch. Sind keine frischen Sardinen erhältlich, können Makrelen oder Heringe gut als Ersatz dienen.

❶ 16 große, frische Sardinen oder 24 kleinere, ausgenommen und geschuppt
❷ 350 g Rote Bete aus dem Glas, abgetropft und fein gehackt
❸ 1 Granny-Smith-Apfel, geschält und ohne Kerngehäuse
❹ 200 ml Naturjoghurt (am besten griechischer mit 10% Fett)
❺ 1 EL Meerrettichpaste
& Meersalz und frisch gemahlener schwarzer Pfeffer

für 4 Personen

Eins Eine Grillpfanne auf höchster Stufe erhitzen. Die Sardinen auf den Pfannenboden legen, leicht salzen und pfeffern und 3–4 Minuten von jeder Seite durchbraten.

Zwei In der Zwischenzeit die gehackten Rote Bete in eine Schüssel geben, den Apfel hineinreiben und Naturjoghurt sowie Meerrettichpaste einrühren. Gut mit Salz und Pfeffer abschmecken.

Drei Den Rote-Bete-Zaziki auf vier Servierteller aufteilen und die gegrillten Sardinen zum Servieren daneben anrichten.

Grillscholle mit roten Zwiebeln und Kapernbutter

Für besondere Anlässe kann die Scholle durch Seezunge ersetzt werden; ansonsten eignen sich auch kleine Glattbutt-Filets.

❶ 100 g Butter
❷ 4 EL fein gehackte rote Zwiebel
❸ 1 unbehandelte Zitrone
❹ 2 EL abgespülte Kapern
❺ 4 große Grillschollenfilets à 250–300 g
& Salz und frisch gemahlener schwarzer Pfeffer

für 4 Personen

Eins Den Holzkohlegrill vorheizen. Die Butter in einen kleinen Topf geben und die Zwiebel hineingeben. Auf mittlerer Stufe 2–3 Minuten anschwitzen. Etwas von der Zitronenschale in den Topf reiben und ca. 1 EL Zitronensaft darüber auspressen. Die Kapern zugeben und nach Geschmack salzen und pfeffern.

Zwei Die Schollenfilets auf ein mit Backpapier ausgelegtes Backblech legen und gerade so viel Buttersauce darübergießen, dass sie bedeckt sind. 4–5 Minuten unter dem Backofengrill ganz durch garen, ohne die Filets zu wenden.

Drei Die restliche Buttersauce erhitzen. Die Schollenfilets aus dem Ofen nehmen und auf vorgewärmten Servietellern anrichten. Mit der Buttersauce übergießen und mit Zitronenspalten servieren.

Lachs

Gedünsteter Lachs auf neuen Kartoffeln

Hier dünste ich den Lachs in einer Mischung aus Brühe, Weißwein und Butter. Das macht kaum Mühe und verleiht dem Fisch einen unwiderstehlich feinen Buttergeschmack. Mit der Kochflüssigkeit bereite ich dann eine Sauce zu, unter die ich zerdrückte Kartoffeln menge. Wer Schnittlauch zur Hand hat, gibt ihn als willkommene Ergänzung zur Sauce.

1 500 g neue Kartoffeln, gründlich gewaschen und gebürstet

2 300 ml Fisch- oder Hühnerbrühe

3 100 ml trockener Weißwein

4 75 g Butter, gewürfelt

5 4 Lachsfilets à 150 g, ohne Haut und Gräten

& Salz und frisch geriebener weißer Pfeffer

für 4 Personen

Eins Den Backofen auf 180 °C vorheizen. Die neuen Kartoffeln in einen Topf mit kochendem Salzwasser geben und abgedeckt auf mittlerer Stufe 15–20 Minuten köcheln lassen, bis sie gar sind. Abgießen und warm halten.

Zwei Unterdessen die Brühe in eine Sautierpfanne oder große Bratpfanne geben. Den Wein zugießen und zum Kochen bringen. Die Butter einrühren und auf mittlerer Stufe gerade köcheln lassen. Nach Geschmack salzen und pfeffern, dann die Lachsfilets in die Pfanne geben. Den Fisch einmal während des Garens wenden (keine Sorge, wenn er nicht ganz mit Sauce überzogen ist). 6–8 Minuten garen, bis der Lachs in der Mitte noch zartrosa ist. Wer es ganz durchgebraten mag, lässt den Fisch ein wenig länger garen.

Drei Die Lachsfilets mit einer Schaumkelle herausheben und auf einer vorgewärmten Servierplatte anrichten. Nach Geschmack salzen und pfeffern, dann mit einem Teller oder mit Alufolie abdecken, damit der Fisch in der erhaltenen Wärme weitergaren kann. Die Sauce auf dem Herd zum Kochen bringen und unter ständigem Rühren so schnell wie möglich um etwa die Hälfte einkochen lassen. Nach Geschmack nachwürzen und warm halten.

Vier Die gekochten neuen Kartoffeln mit einer Gabel grob zerdrücken und ca. 75 ml der Sauce dazugeben, um das Kartoffelmus zu binden. Den Rest Sauce aufbewahren. Nach Geschmack salzen und pfeffern. Die zerdrückten Kartoffeln auf vorgewärmte Servierteller verteilen, die Lachsfilets darauf anrichten und mit ein wenig Sauce servieren. Die restliche Sauce in der Sauciere dazu reichen.

Einfacher Lachsauflauf

Dieser Auflauf müsste noch nicht einmal überbacken werden, wenn er direkt nach dem Garen der einzelnen Zutaten zubereitet wird: einfach unter dem Backofengrill kurz stark erhitzen, bis die Oberfläche goldgelb wird. Der Auflauf lässt sich durch die Zugabe von Garnelen oder Kräutern in der Sauce beliebig verfeinern. Aber für Kinder ist er so genau richtig: einfach und gut.

1 650 g mehlige Kartoffeln, geschält und in dicke Stücke geschnitten

2 600 ml Milch

3 500 g Lachsfilet, ohne Haut und Gräten

4 75 g Butter, plus zusätzlich, zum Einfetten

5 50 g Mehl

& Salz und frisch gemahlener schwarzer Pfeffer

für 4–6 Personen

Eins Den Backofen auf 180 °C vorheizen. Die Kartoffeln in einen Topf mit kochendem Salzwasser geben und abgedeckt 15–20 Minuten weich kochen.

Zwei Unterdessen die Milch in eine Sautierpfanne oder große Bratpfanne gießen. Das Lachsfilet hineingeben und je nach Dicke 3–5 Minuten köcheln lassen. Den Fisch mit einem Schaumlöffel herausnehmen und beiseite stellen, bis der Fisch etwas abgekühlt ist. Dann in mundgerechte Stücke zerteilen und dabei die letzten Gräten entfernen. Die Kochflüssigkeit durch ein Sieb in eine Schüssel abgießen.

Drei Die Hälfte der Butter in einem kleinen beschichteten Topf zerlassen. Das Mehl einrühren und alles 2 Minuten unter ständigem Rühren köcheln lassen. Die aufbewahrte Kochflüssigkeit portionsweise einrühren und alles gründlich verquirlen.

Vier Sobald alle Flüssigkeit aufgenommen ist, herunterschalten und die Sauce weitere 6–8 Minuten unter gelegentlichem Rühren sanft köcheln lassen, bis sie leicht eindickt. Nach Geschmack salzen und pfeffern.

Fünf Gekochte Kartoffeln abgießen und einige Minuten im Topf trocknen lassen, dabei den Topf ein wenig rütteln, damit nichts anbrennt. Die Kartoffeln zerdrücken oder durch ein Sieb streichen oder auch in der Küchenmaschine zu Püree verarbeiten. Die restliche Butter einrühren und nach Geschmack salzen und pfeffern.

Sechs Eine große Auflaufform einfetten und einige Esslöffel Sauce hineingeben. Die Lachsstückchen darauf verteilen und ganz mit der restlichen Sauce bedecken. Warten, bis sich eine dünne Haut bildet, und dann die pürierten Kartoffeln über die gesamte Form verstreichen. Die Oberfläche erst mit einem Palettenmesser glätten und dann mit den Zinken einer Gabel auflockern. 25–30 Minuten backen, bis der Auflauf an den Rändern Blasen wirft und die Kartoffeln sich bräunen. Direkt aus der Form am Tisch auf vorgewärmten Tellern servieren.

Lachsfilet mit Meerrettichkruste

Ein prima Tipp für die nächste Dinnerparty – der Lachs lässt sich lange im Voraus zubereiten und muss dann erst in letzter Minute in den Backofen. Gut würde hierzu noch ein Dip aus 100 g Sahne mit ein wenig Senf und viel frischem Schnittlauch passen.

❶ 1 Eigelb
❷ 2 EL Meerrettichsahne
❸ 50 g frische Semmelbrösel
❹ 1 EL frische glattblättrige Petersilie, gehackt
❺ 4 Lachsfilets à 175 g, ohne Haut und Gräten
& Salz und frisch gemahlener schwarzer Pfeffer, 1 EL Olivenöl

für 4 Personen

Eins Den Backofen auf 180 °C vorheizen. Das Eigelb mit der Meerrettichsahne in einer kleinen Schüssel vermengen. Die Semmelbrösel mit der Petersilie in einer flachen Schale mischen und kräftig salzen und pfeffern. Die Lachsfilets mit der Meerrettichsahne bestreichen und in den Petersilien-Semmelbröseln wenden.

Zwei Eine feuerfeste Pfanne stark erhitzen. Das Olivenöl zugießen und die Lachsfilets hineingeben. Etwa 3 Minuten anbraten, bis die Semmelbrösel sich bräunen. Die Filets wenden und die ganze Pfanne in den Backofen stellen. Dort weitere 5 Minuten backen, bis der Fisch gar ist. Auf vorgewärmten Tellern anrichten und servieren.

Thai-Lachs mit Pak-Choi-Kohl und Limette

Ein ganz einfaches Rezept – und meine bevorzugte Art, Pak-Choi-Kohl zuzubereiten! Die gleiche Technik eignet sich auch bestens für Chinakohl oder anderen Blattkohl. Eine schärfere Note erhält das Gericht mit einer in dünne Ringe geschnittenen Chili oder einer Prise Chilipulver.

❶ 2 TL Thai-Gewürz (Gewürzmischung, in Asia-Märkten erhältlich)
❷ 4 Lachsfilets à 150 g, mit Haut, geschuppt und ohne Gräten
❸ 1 Bund Frühlingszwiebeln, geputzt und in dünne Ringe geschnitten
❹ 400 g Pak-Choi-Kohl, in 2,5-cm breite Streifen geschnitten
❺ 1 Limette, geviertelt und ohne Kerne
& 2 EL Sonnenblumenöl

für 4 Personen

Eins Den Backofen auf 180 °C vorheizen. Das Thai-Gewürz auf eine ebene Arbeitsfläche streuen und die Lachsfilets darin wenden. Überschüssiges Gewürzpulver abschütteln. Eine feuerfeste Brat- oder Grillpfanne erhitzen. Die Hälfte des Sonnenblumenöls hineingeben und den Lachs mit der Hautseite nach unten darin kurz anbraten. Dann wenden und eine weitere Minute braten. Die ganze Pfanne in den Ofen stellen und 6 Minuten garen, bis der Fisch in der Mitte medium-gar ist.

Zwei Unterdessen einen Wok sehr stark erhitzen. Das restliche Sonnenblumenöl zugeben und bis an die Seiten schwenken. Frühlingszwiebeln und ggf. Chili (s. oben) hineingeben und kurz scharf anbraten.

Drei Den Pak-Choi-Kohl zugeben und eine weitere Minute unter Rühren garen. Dann mit 1 Esslöffel Wasser besprenkeln, herunterschalten und 1–2 Minuten bissfest dünsten. Auf vorgewärmte Servierteller verteilen. Den Lachs aus dem Ofen holen und auf dem Pak-Choi-Kohl anrichten. Mit Limettenspalten garniert servieren.

Cajun-Lachs mit Limetten-Aïoli

Lachs ist eine äußerst vielfältige Zutat und eignet sich durch seinen natürlich hohen Gehalt an (gesunden!) Fetten ideal zum Braten und Grillen. Am besten schmeckt Wildlachs aus Alaska oder Bio-Lachs jeder Art.

❶ 2 TL Cajun-Gewürzmischung

❷ 4 Lachsfilets à 150 g, mit Haut, ohne Gräten

❸ 3 EL Mayonnaise

❹ 1 Knoblauchzehe, zerdrückt

❺ 1 unbehandelte Limette

& Salz und frisch gemahlener schwarzer Pfeffer; 2 EL natives Olivenöl extra

für 4 Personen

Eins Den Backofen auf 180 °C vorheizen. Die Cajun-Gewürzmischung auf eine ebene Arbeitsfläche streuen und die Lachsfilets darin wenden. Überschüssiges Gewürzpulver abschütteln. Eine feuerfeste Brat- oder Grillpfanne sehr stark erhitzen. Die Hälfte des Olivenöls hineingeben und den Lachs mit der Hautseite nach unten darin so scharf anbraten, dass die Haut sich schwärzt. Dann wenden und eine weitere Minute braten. Die ganze Pfanne in den Ofen stellen und 6 Minuten garen, bis der Fisch in der Mitte medium-gar ist.

Zwei Die Mayonnaise in eine Schüssel geben und mit dem restlichen Olivenöl und dem Knoblauch verquirlen. Ein wenig abgeriebene Limettenschale darüberstreuen, dann die Limette halbieren und den Saft einer Hälfte in die Mayonnaise auspressen. Nach Geschmack salzen und pfeffern und alles gut verrühren.

Drei Die geschwärzten Cajun-Lachsfilets mit je 1 Esslöffel Limetten-Aïoli auf Serviertellern anrichten. Die verbliebene Limettenhälfte in Viertel schneiden und jeden Teller mit einem Limettenviertel garniert servieren.

Muscheln

Kaisergranat-Risotto mit Chili

Ein Dauerbrenner in Italien ist dieses Risotto, das sich wunderbar für die abendliche Gästeschar eignet: Kaisergranate, auch bekannt als Norwegische Hummer oder Kaiserhummer, verleihen ihm die gewisse besondere Note. Ersatzweise eignen sich auch Riesengarnelen.

1 1 kg (ca. 12 Stück) frische ganze Kaisergranate

2 2 große Schalotten, fein gehackt

3 200 ml trockener Weißwein

4 1 milde rote Chili, entkernt und fein gehackt

5 225 g Arborioreis

& Salz und frisch gemahlener schwarzer Pfeffer; 4 EL natives Olivenöl extra

für 4 Personen als Vorspeise oder in doppelter Menge als Hauptgang

Eins Den Kopf der Kaisergranate abtrennen, dann den Panzer mit etwas Druck vom Schwanzteil her lösen (die Panzer aufbewahren.) Den dunklen Darm entfernen. Die ausgelösten Kaisergranate in eine Schüssel legen, mit Klarsichtfolie abdecken und bis zur weiteren Verwendung kalt stellen.

Zwei 1 Esslöffel vom Olivenöl in einem Topf erhitzen und eine der Schalotten darin 2–3 Minuten anschwitzen. Die Garnelenpanzer hineingeben einige weitere Minuten schmoren lassen. Dann unter ständigem Rühren die Hälfte des Weines zugießen.

Drei 1,25 l Wasser zur Mischung gießen und zum Kochen bringen, dann herunterschalten und 30 Minuten zu einer eine kräftigen Brühe einkochen. Durch ein feines Sieb in einen Messbecher streichen und die Panzer wegwerfen. Insgesamt benötigt man 750 ml Brühe. Die Brühe in einen sauberen Topf geben und auf mittlerer Stufe köcheln lassen.

Vier 2 Esslöffel des Öls in einer Sautierpfanne oder großen Bratpfanne erhitzen. Die andere Schalotte mit einer halben Chili zugeben und 2–3 Minuten unter Rühren köcheln lassen, bis die Schalotte glasig gedünstet ist. Den Arborioreis einstreuen und einige Minuten weiterköcheln lassen, bis sich das Aroma entfaltet. Den restlichen Wein zugeben und unter ständigem Rühren köcheln lassen.

Fünf Die köchelnde Brühe kellenweise in die große Pfanne geben und ständig weiterrühren, bis die ganze Flüssigkeit aufgenommen. ist. Die nächste Kelle Brühe immer erst nachfüllen, wenn die vorherige fast ganz aufgesogen wurde. Der ganze Vorgang sollte 18–20 Minuten dauern, bis der Reis bissfest gegart ist.

Sechs Das restliche Öl in einem Wok erhitzen. Den Rest der Chili zugeben und kurz weiterrühren. Die ausgelösten Kaisergranate in den Wok geben und 1–2 Minuten unter Rühren garen, dann nach Geschmack salzen und pfeffern. Das Risotto auf Schalen verteilen und die fertig gegarten Kaisergranate darauf servieren.

Venusmuscheln mit Frühlingszwiebeln, Chili und Ingwer

Ein Superrezept für frische Venusmuscheln, aber auch Miesmuscheln eignen sich ersatzweise, brauchen dann nur eine etwas längere Garzeit.

1 1 kg fangfrische Venusmuscheln, gesäubert

2 50 g Butter

3 4 EL süße Chilisauce

4 5-cm-Stück frische Ingwerwurzel, geschält und klein geschnitten

5 4 Frühlingszwiebeln, fein gehackt

für 4 Personen als Vorspeise oder in doppelter Menge als Hauptgang

Eins Die Venusmuscheln in einer Schüssel unter fließendem kaltem Wasser gründlich waschen. Alle Muscheln, die sich auf Klopfen nicht schließen, aussortieren. Die anderen Muscheln in einen dicht schließenden Topf geben und 2 Minuten dämpfen, bis sich die Muscheln geöffnet haben. Die Pfanne einmal kräftig schütteln und nicht geöffnete Exemplare aussortieren.

Zwei Einen Wok oder eine große Bratpfanne stark erhitzen. Butter, Chilisauce, Ingwer und Frühlingszwiebeln zugeben und verrühren, bis die Butter zerlassen ist. Dann 1 Minute weiter köcheln lassen, bis die Butter aufschäumt.

Drei Die Muscheln in den Wok geben und diesen schwenken, bis die Muscheln gut mit Sauce bedeckt sind. Auf vorgewärmte Schalen verteilen und mit Weißbrot servieren.

Moules marinières

Zu diesem französischen Klassiker reiche ich gern passend Pommes Frites oder Baguettebrot.

1 1 Schalotte, fein gehackt

2 150 ml trockener Weißwein

3 1,75 kg fangfrische Miesmuscheln, gesäubert (geöffnete Exemplare aussortiert)

4 125 g Crème double oder Crème fraîche

5 2 EL frische glattblättrige Petersilie, gehackt

& frisch gemahlener schwarzer Pfeffer; 2 EL Olivenöl

für 4 Personen als Vorspeise oder in doppelter Menge als Hauptgang

Eins Das Öl in einem großen Topf erhitzen, die Schalotte hineingeben und auf mittlerer Stufe 2–3 Minuten anschwitzen.

Zwei Auf höchster Stufe Wein und Miesmuscheln zugeben und mit Deckel 2–3 Minuten köcheln lassen. Dabei gelegentlich den Topf rütteln, bis sich die Muscheln öffnen.

Drei Nicht geöffnete Muscheln aussortieren und die anderen mit einem Schaumlöffel aus dem Topf nehmen und auf vorgewärmte tiefe Servierteller verteilen. Crème double oder Crème fraîche in die Brühe einrühren, gut verquirlen und zum Kochen bringen. Pfeffern und anschließend über die Muscheln geben. Mit gehackter Petersilie servieren.

Jakobsmuscheln mit Zitronenbutter

Wird die Brühe zu heiß verwendet, flockt die Sauce aus, ist sie zu kalt, wird das Fett fest. Die Temperatur also erst mit dem Finger prüfen – lauwarm ist gut!

- ❶ 300 ml frische Gemüse- oder Hühnerbrühe
- ❷ 12 große, vorzugsweise nicht ausgelöste Jakobsmuscheln, gesäubert
- ❸ ½ Zitrone ohne Kerne
- ❹ 100 g Butter, gekühlt und gewürfelt
- ❺ 1 EL frisch gehackter Schnittlauch
- & Salz und frisch geriebener weißer Pfeffer; Sonnenblumenöl, zum Braten

für 4 Personen als Vorspeise

Eins Die Brühe in einen Topf geben und auf höchster Stufe auf ein Drittel der Menge reduzieren.

Zwei Unterdessen die Jakobsmuscheln mit Küchenpapier trockentupfen. Eine Bratpfanne erhitzen, und die Muscheln in etwas Sonnenblumenöl 1 Minute von jeder Seite bräunen. Dann auf einen Teller schichten, Zitronensaft darüber auspressen und salzen und pfeffern.

Drei Wenn die Brühe eingekocht ist, auf unterste Stufe herunterschalten und die Butter würfelweise einrühren, bis sie ganz zerlassen ist und die Sauce aufschäumt. Zitronensaft und Schnittlauch darüber geben und salzen und pfeffern.

Vier Auf jedem vorgewärmten Servierteller drei Jakobsmuscheln (je nach Geschmack wieder in ihren Schalen) anrichten und mit Zitronenbutter-Sauce servieren.

Frittierte Calamares

Zu Recht einer der beliebtesten Snacks – aber nur falls korrekt zubereitet!

- ❶ 450 g mittelgroße fangfrische Tintenfischtuben, gesäubert
- ❷ 2 EL Speisestärke
- ❸ 3 EL Weizengrieß
- ❹ 1 TL gemahlener Paprika
- ❺ 125 ml küchenfertige Knoblauchmayonnaise
- & 1 TL Salz; Pflanzenöl, zum Frittieren

für 4–6 Personen als Vorspeise oder Tapas

Eins Das Öl in einer tiefen Frittierpfanne oder Friteuse auf 190 °C erhitzen. Die Tintenfischtuben an einer Seite aufschneiden und innen mit karoförmigen Einschnitten versehen. Dann jede Tube in 5 cm breite Streifen schneiden.

Zwei Speisestärke, Weizengrieß, Paprika und Salz vermischen und die Fischstreifen darin wenden. Auf einem Tablett ablegen und dabei die überschüssige Würze abschütteln. 1–2 Minuten ruhen lassen, damit die Panade gut

Feuchtigkeit annimmt – so gelingt das Ergebnis knuspriger.

Drei Die Tintenfischstreifen portionsweise im sehr heißen Öl je 1–2 Minuten frittieren, bis der Fisch durchgegart und die Panade goldbraun ist. Dann gut auf Küchenpapier abtropfen lassen.

Vier Die abgetropften Calamares mit der Knoblauchmayonnaise servieren.

Beilagen

Grüne Bohnen und Kohl haben nicht
gerade den Ruf kulinarisch aufregender
Köstlichkeiten, aber eigentlich ganz zu
Unrecht! Man darf Beilagen nur nicht
beim Würzen vernachlässigen. Schon
wenige Kräuter und Gewürze können,
wenn es die richtigen sind, den Unter-
schied zwischen einer sättigenden
Mahlzeit und einer wahren Geschmacks-
sensation ausmachen.

Gemüse

Rote Bete mit Balsamico

Bei Zimmertemperatur serviert wäre dieses Gericht auch sehr lecker als Salat – mit Orangenspalten ergänzt würde es beispielsweise gut zu Räuchermakrele mit Meerrettich passen.

❶ 6 große Rote Bete, geputzt
❷ 3 EL Balsamico-Essig
❸ 1 TL Kreuzkümmel
❹ Salz und frisch gemahlener schwarzer Pfeffer; 2 EL Olivenöl

für 4–6 Personen

Eins Den Backofen auf 200 °C vorheizen. Rote Bete schälen und jede Knolle achteln. In einen Bräter geben und mit dem Essig übergießen. Mit Kreuzkümmel bestreuen, kräftig salzen und pfeffern und das Olivenöl darüberträufeln. Alles gut vermischen.

Zwei 45–50 Minuten unter gelegentlichem Wenden im Ofen bissfest garen. In eine vorgewärmte Schüssel geben und sofort servieren oder alternativ erst auf Zimmertemperatur abkühlen lassen.

Geschmorte Erbsen mit Lauch

Eine schöne Möglichkeit, etwas mehr aus Tiefkühlerbsen zu machen! Eine Tüte davon im Tiefkühlschrank leistet mir immer gute Dienste, und ich finde, sie schmecken sogar besser als frische Erbsen. Die Tiefkühlware wird bis zu eine Stunde nach dem Pflücken eingefroren, während Frischware ja erst eine lange Reise in den Supermarkt hinter sich bringen muss.

❶ 50 g Butter
❷ 2 kleine Porreestangen, geputzt und fein gehackt
❸ 450 g junge Tiefkühlerbsen
❹ 4 EL Hühnerbrühe
❺ eine Prise Zucker
❻ Salz und frisch gemahlener schwarzer Pfeffer

für 4 Personen

Eins Die Butter in einen großen Topf geben und den Porree darin 3–4 Minuten anbraten.

Zwei Die Erbsen hineingeben und Hühnerbrühe und Zucker einrühren. Nach Geschmack salzen und pfeffern, dann abgedeckt 4–5 Minuten köcheln lassen, bis die Erbsen gar sind und ein Großteil der Flüssigkeit verkocht ist. Mit Salz und Pfeffer abschmecken und sofort in einer vorgewärmten Schüssel servieren.

Wirsingkohl mit Kümmel

Selbst erklärte Kohl-Feinde erwartet hiermit eine angenehme Überraschung!
Wirsing eignet sich dafür fantastisch, aber auch andere grüne Kohlsorten
können verwendet werden. Wer es gern feuriger mag, streut zum Kümmel ein
wenig Chilipulver dazu. Diese Beilage benötigt nur 5 Minuten Zubereitungszeit, kann also direkt vor dem Essen hergestellt werden.

❶ 50 g Butter
❷ eine Prise Kümmel
❸ 1 Wirsingkohl, geputzt, ohne Strunk und in Streifen geschnitten
& Salz und frisch gemahlener schwarzer Pfeffer

für 4–6 Personen

Eins Die Hälfte der Butter in einer großen
gusseisernen Pfanne mit Deckel zerlassen. Den
Kümmel einstreuen und anbraten, bis sich das
Aroma entfaltet. 2 Esslöffel Wasser zugießen
und auf höchster Stufe zum Kochen bringen.

Zwei Wenn die Flüssigkeit kocht, den ganzen
Kohl auf einmal mit etwas Salz zugeben, dann
die Pfanne abdecken, kräftig rütteln dann
1½ Minuten auf höchster Stufe köcheln lassen.
Noch einmal an der Pfanne rütteln und weitere
1½ Minuten garen, dann vom Herd nehmen.
Mit Pfeffer würzen, dann in eine vorgewärmte
Servierschüssel füllen, die restliche Butter
darüber zerlassen und sofort servieren.

Grüne Bohnen mit Knoblauch und Schalotten

Die Bohnen wären auch sehr lecker, wenn Sie zusätzlich ein paar gewürfelte
Strauchtomaten in die Pfanne geben würden – aber nur im Sommer, wenn
Tomaten Saison haben!

❶ 300 g grüne Bohnen, ohne Enden
❷ 1 Schalotte, fein gehackt
❸ 1 Knoblauchzehe, zerdrückt
❹ 1 EL frische glattblättrige Petersilie, gehackt
& Salz und frisch gemahlener schwarzer Pfeffer; 2 EL natives Olivenöl extra

für 4–6 Personen

Eins Die Bohnen in einen großen Topf mit
kochendem Salzwasser geben, aufkochen und
2 Minuten auf mittlerer Stufe weiterköcheln
lassen. Abgießen, die Bohnen kalt abspülen
und beiseite stellen.

Zwei Den Topf wieder auf den Herd stellen
und das Olivenöl hineingeben. Schalotten und
Knoblauch darin 2–3 Minuten anschwitzen.
Die Bohnen zugeben und 1–2 weitere Minuten
sautieren, bis alles gut erhitzt ist. Petersilie
einstreuen und alles gut verrühren. Nach
Geschmack salzen und pfeffern und sofort in
einer vorgewärmten Schüssel servieren.

In Honig geröstete Karotten und Pastinaken

Die natürliche Süße der Karotten und Pastinaken wird durch den Honig angenehm intensiviert. Zusammen ergeben sie die perfekte Beilage für meine gebackene Lammkeule mit Kartoffelauflauf (siehe S. 93).

❶ 450 g Karotten, geschält, geputzt und in Stücke geschnitten

❷ 450 g Pastinaken, geschält, geputzt, geviertelt und in Stücke geschnitten

❸ 1 TL frisch gehackter Thymian

❹ 1 EL flüssiger Honig

❺ Salz und frisch gemahlener schwarzer Pfeffer; 2 EL Olivenöl

für 4–6 Personen

Eins Den Backofen auf 180 °C vorheizen. Das Öl in einen großen Bräter gießen und die Karotten und Pastinaken zugeben. Alles mit Thymian bestreuen und gut miteinander verrühren. Kräftig salzen und pfeffern. 30–40 Minuten rösten, bis die Oberfläche zu karamellisieren beginnt.

Zwei Karotten und Pastinaken mit Honig beträufeln und noch einmal gut verrühren. Weitere 10 Minuten rösten, bis das Gemüse außen karamellisiert. Alles in eine vorgewärmte Schüssel füllen und sofort servieren.

Kartoffeln

Röstkartoffeln mit Knoblauch

Das Fett eines Enten- oder Gänsebratens ergibt die würzigste Grundlage für Röstkartoffeln. Beim nächsten Geflügelbraten also das Fett tiefkühlen.

❶ 1,5 kg vorwiegend festkochende Kartoffeln, geschält und in große Stücke geschnitten

❷ ca. 6 EL Bratenfett vom Enten- oder Gänsebraten

❸ 6 Knoblauchzehen, ungeschält

❹ Salz

für 4–6 Personen

Eins Den Backofen auf 220 °C vorheizen. Die Kartoffeln in einen Topf mit kaltem Salzwasser geben und zum Kochen bringen. Herunterschalten und abgedeckt 8–10 Minuten garen, bis die Kartoffen außen gerade weich sind. Abgießen und im trockenen Topf kurz abdämpfen.

Zwei Unterdessen einen Bräter mit dem Enten- oder Gänsebratenfett darin stark im Ofen erhitzen. Den Kartoffeltopf sehr kräftig schütteln, damit das Äußere der Kartoffeln aufbricht, oder sie grob von außen mit einer Gabel einstechen. Dann die Kartoffeln vorsichtig in das Fett im Bräter geben, von oben noch einmal mit dem Fett bestreichen und die Knoblauchzehen darum herum verteilen.

Drei Den Bräter wieder in den Topf zurückgeben und 40 Minuten garen, dann den größten Teil des Fettes abgießen und die Kartoffeln wenden. Nach Geschmack salzen und weitere 20 Minuten goldbraun rösten. In einer vorgewärmten Schüssel sofort servieren.

Sellerie-Kartoffelbrei

Dieser Kartoffelbrei passt am besten zu Fisch, Rind oder Wild. Sie können ihn im Voraus zubereiten und dann nur kurz mit etwas Butter im Topf erwärmen.

❶ 1 Sellerieknolle, ohne Enden und geviertelt

❷ 550 g mehlige Kartoffeln, geschält und fein gewürfelt

❸ 1,25 l Milch

❹ 50 g Butter

❺ Salz und frisch geriebener weißer Pfeffer

für 4–6 Personen

Eins Mit einem kleinen scharfen Messer die dicke Selleriehaut entfernen. Den Sellerie in gleichmäßig kleine (ca. 1 cm große) Würfel schneiden und mit den Kartoffeln in einen Topf geben. Die Milch zugießen, zum Kochen bringen, herunterschalten und alles 15–20 Minuten köcheln lassen, bis das Gemüse gar ist.

Zwei Das gegarte Gemüse in einem Durchschlag abtropfen lassen (dabei die Flüssigkeit in einer Schüssel auffangen). Dann mit der Butter und ca. 5 Esslöffeln Kochflüssigkeit in der Küchenmaschine einige Minuten zu glattem Püree verarbeiten. Salzen, pfeffern und in eine vorgewärmte Schüssel füllen. Sofort servieren.

Kartoffel-Gnocchi nach Hausfrauenart

Dieses klassische italienische Gericht wird traditionell mit Pesto und Parmesan serviert, aber ich mag die Gnocchi auch gern in einer einfachen Tomatensauce. Entgegen allgemeiner Befürchtung sind Gnocchi gar nicht schwer selbst zuzubereiten – auch Kinder können dabei mitmachen!

1. 1 kg gleichmäßig große mehlige Kartoffeln, gründlich geputzt
2. 175 g Butter, plus zusätzlich, zum Einfetten
3. 1 Ei, leicht verquirlt
4. ca. 200 g Mehl
5. einige frische Salbeiblätter
&. Salz und frisch gemahlener schwarzer Pfeffer

für 4 Personen

Eins Die Kartoffeln in einen Topf mit Dämpfeinsatz geben und mit Salz bestreuen, dann ca. 20 Minuten dämpfen, bis sie weich sind. Etwas abkühlen lassen, dann die Kartoffeln pellen.

Zwei Die noch warmen Kartoffeln durch ein Sieb streichen oder in der Küchenmaschine pürieren. ½ TL Salz, 50 g Butter, das Ei und 150 g Mehl zugeben und alles gut verrühren

Drei Die Mischung auf einer bemehlten Arbeitsfläche ausrollen und vorsichtig mit immer mehr Mehl verkneten, bis ein weicher, glatter und noch leicht klebriger Teig entsteht.

Vier Den Teig mit bemehlten Händen zu langen, ca. 2,5 cm dicken Würsten rollen. Diese in 1 cm breite Stücke schneiden und jedes einzelne Stück über die Zinken einer Gabel rollen, um die typische Rillenzeichnung zu erzielen. Die Gnocchi auf einem leicht bemehlten Küchenhandtuch verteilen.

Fünf Einen großen Topf mit Salzwasser zum Kochen bringen und dann auf mittlere Stufe herunterschalten. Die Gnocchi portionsweise einstreuen und 3–4 Minuten köcheln lassen, bis sie gegart an der Oberfläche schwimmen.

Sechs Die Gnocchi mit einem Schaumlöffel herausnehmen und in eine gebutterte Servierschüssel umfüllen. Mit Alufolie abdecken und warm stellen, während die restlichen Gnocchi garen.

Sieben Wenn alle Gnocchi fertig gegart sind, die restliche Butter in einer Pfanne erhitzen und die Salbeiblätter 30 Sekunden bis 1 Minute darin schwenken. Dann die Salbeiblätter wieder herausnehmen und beiseite stellen. Die Gnocchi mit Salbeibutter beträufeln und gut verrühren. Mit Salz und schwarzem Pfeffer bestreuen und mit den Salbeiblättern garniert servieren.

Kartoffel-Käse-Pfanne

Bei diesem Gericht sind festkochende Kartoffeln wichtig, die beim Garen ihre Form behalten und nicht zerfallen. Es gelingt alternativ auch im Backofen.

❶ 675 g festkochende Kartoffeln
❷ etwas Butter
❸ 2 Zwiebeln, in dünne Ringe geschnitten
❹ 100 g alter Cheddar, gerieben
❺ Salz und frisch geriebener weißer Pfeffer; 1 EL Olivenöl

für 4 Personen

Eins Die Kartoffeln schälen und mit dem Gemüsehobel oder einem sehr scharfen Messer in hauchdünne Scheiben schneiden.

Zwei Butter und Öl in einer gusseisernen kleinen Pfanne (ca. 20 cm Ø) erhitzen. Dann vom Herd nehmen und den Boden mit einer dünnen Kartoffelscheibenschicht bedecken.

Drei Eine Lage Zwiebelringe über die Kartoffeln schichten und darüber eine Lage geriebenen Cheddar geben. Alles großzügig salzen und pfeffern. Den Vorgang mit den restlichen Zutaten wiederholen und oben mit einer Kartoffelschicht und etwas Käse beenden.

Vier Die Pfanne mit Alufolie abdecken, fest verschließen und auf unterster Stufe 45 Minuten bis zu 1 Stunde garen, bis die obersten Kartoffeln sich beim Anschneiden als gar erweisen.

Fünf Den Backofengrill vorheizen. Die Alufolie von der Pfanne nehmen und diese 2–3 Minuten direkt unter den Grill stellen. Sofort aus der Pfanne servieren.

Stampf aus neuen Kartoffeln mit Basilikum und Parmesan

Kartoffelstampf wird nicht ganz glatt püriert, sondern soll absichtlich eine noch etwas stückige Konsistenz behalten.

❶ 675 g kleine neue Kartoffeln, gründlich gewaschen und gebürstet
❷ einige frische Basilikumblätter
❸ 6 EL frisch geriebener Parmesan
❹ Salz und frisch gemahlener schwarzer Pfeffer; 6 EL natives Olivenöl extra

für 4–6 Personen

Eins Die Kartoffeln in einem großen Topf mit kochendem Wasser erneut zum Kochen bringen. Abdecken und auf mittlerer Stufe 15–20 Minuten weich kochen, dann abgießen.

Zwei Die Kartoffeln in eine Schüssel füllen. Olivenöl zugeben und die Kartoffeln mit der Gabel so vorsichtig zerdrücken, dass sie gerade in Stücke brechen. Salzen, pfeffern und vorsichtig vermischen, bis alles Öl aufgesogen ist. Das Basilikum fein hacken und die Kartoffeln mit dem Parmesan verrühren. Nach Geschmack nachsalzen und pfeffern. Den Kartoffelstampf einer vorgewärmten Schüssel servieren.

Desserts, Kuchen und Brot

Hier folgen einige meiner Lieblingsrezepte zum Backen und Naschen – vielseitige süße Köstlichkeiten für ganz kleinen Aufwand! Es ist für alle etwas dabei: warme und kalte Desserts, neue Ideen für den Kaffeetisch und abwechslungsreiche Brote zum Selberbacken.

Kalte
Desserts

Schoko-Haselnuss-Torte

Lecker ist diese Torte auch mit zusätzlichen Himbeeren oder Crème Fraîche.

1 175 g Butter, plus zusätzlich, zum Einfetten

2 175 g geröstete Haselnüsse, abgezogen

3 175 g Edelbitterschokolade (70 % Kakao), in kleine Stücke gebrochen

4 175 g brauner Zucker

5 6 Eier, getrennt

für 6–8
Personen

Eins Den Backofen auf 1800 °C vorheizen. Eine Springform (24 cm Ø, nicht höher als 7,5 cm) an den Seiten einfetten und den Boden mit Backpapier auslegen.

Zwei Die Haselnüsse in der Küchenmaschine 30 Sekunden fein mahlen.

Drei Die Schokolade in einer feuerfesten Form über einem Topf mit siedendem Wasser unter Rühren schmelzen. Die Hälfte des Zuckers und der Butter cremig rühren. Erst das Eigelb und dann die abgekühlte geschmolzene Schokolade unterziehen.

Vier Das Eiweiß in einer Rührschüssel zu Schnee schlagen und dann mit dem restlichen Zucker zu einer festen Baisermasse verquirlen. Vorsichtig die gemahlenen Nüsse und die Schokoladenmasse unterheben.

Fünf Die Masse in die Springform füllen und 40–45 Minuten backen, bis ein für die Garprobe eingestecktes Holzstäbchen sauber wieder herausgezogen werden kann. Aus dem Ofen nehmen und in der Form abkühlen lassen. In Scheiben schneiden und auf Desserttellern servieren.

Panna cotta

Ein italienischer Dessertklassiker! Der Name bedeutet „gekochte Sahne".

1 3 Blatt klare Gelatine

2 100 ml Milch

3 500 g Crème double

4 100 g feinster Zucker

5 1 Vanilleschote, aufgeschnitten, die Samen separat herausgekratzt

für 6–8
Personen

Eins Die Gelatine in einer Schüssel mit kaltem Wasser bedecken und 5 Minuten quellen lassen.

Zwei Die Milch in einem kleinen Topf bis kurz vorm Siedepunkt erhitzen und vom Herd nehmen. Die Gelatine ausdrücken und in die Milch geben, bis sie sich auflöst.

Drei Die Crème double in einen anderen Topf geben und Zucker und Vanilleschote plus

Samen darin auf mittlerer Stufe und unter ständigem Rühren zum Kochen bringen. Vom Herd nehmen, die Gelatinemilch einrühren und die Vanilleschote entfernen.

Vier Eine kleine Kastenform (1 kg) eiskalt ausspülen und mit der Creme füllen. Mindestens 2–3 Stunden oder über Nacht kalt stellen. Auf eine Servierplatte stürzen und in Scheiben geschnitten servieren.

Baiserkörbchen mit Zitronen-Eierschaum und Erdbeeren

Der knusperleichte Baiser ist die perfekte Basis für eine fruchtige Creme-füllung. „Lemon Curd", ein britischer Brotaufstrich, sollte im gut sortierten Feinkosthandel erhältlich sein. Falls nicht, durch 2 Eier, 100 g Puderzucker, 4 EL Zitronensaft und 2 TL Speisestärke ersetzen, die zuvor verquirlt werden.

❶ 4 Eiweiß, auf Zimmertemperatur gebracht

❷ 225 g Puderzucker, gesiebt, plus zusätzlich, zum Dekorieren

❸ 150 g Schlagsahne

❹ 150 g küchenfertiger Zitronen-Eierschaum „Lemon Curd"

❺ 500 g Erdbeeren, gewaschen und ohne Stiele oder Blätter

für 4–6 Personen

Eins Den Backofen auf 100 °C vorheizen. Auf drei Bögen Backpapier je einen Kreis von 19 cm Ø einzeichnen.

Zwei Drei Eiweiß mit 175 g Puderzucker in einer feuerfesten Schüssel über einem Topf mit siedendem Wasser verquirlen. Achtung: Wenn die Schüssel zu heiß wird, verkrustet die Mischung am Rand. Mit dem Schneebesen zu einer steifen Baisermasse schlagen.

Drei Mit einer großen Spritztülle (2,5 cm) dicke Baiserringe auf zwei der aufgezeichneten Kreise spritzen. Auf dem dritten Kreis den Boden aus einer durchgehenden Baiserspirale von innen nach außen anbringen. Die Baisers 2½–3 Stunden backen, bis sie trocken, aber noch nicht gebräunt sind.

Vier Kurz bevor die Baisers aus dem Backofen kommen, aus dem vierten Eiweiß und Puder-zucker neue Baisermasse herstellen. Die gebackenen Baiserringe vom Backpapier lösen und übereinander auf dem Boden zu einem Körbchen aufschichten. Dazwischen je einen frischen Baiserring spritzen. Wieder in den Ofen stellen und weitere 1½–2 Stunden backen.

Fünf Das Baiserkörbchen herausnehmen und ganz abkühlen lassen. Dann vorsichtig das Backpapier vom Boden abziehen.

Sechs Für die Füllung die Sahne in einer Rührschüssel steif schlagen und den Lemon Curd unterziehen. Alles in das Baiserkörbchen füllen und mit Erdbeeren garnieren. Zum Servieren mit Puderzucker bestäuben.

Schokoladenparfait mit frischen Himbeeren

Mmh … Es kann auch weiße oder Vollmilchschokolade verwendet werden.

1 450 g Edelbitterschokolade (70 % Kakao), in kleine Stücke gebrochen
2 4 Eigelb
3 100 g brauner Zucker
4 600 ml Schlagsahne
5 500 g frische Himbeeren, zum Servieren
& Traubenkernöl, zum Einfetten

für 6–8 Personen

Eins Die Schokolade in einer feuerfesten Schüssel über einem Topf mit siedendem Wasser schmelzen. Die Schüssel herunternehmen und die Schokolade kräftig glattrühren. Kurz abkühlen lassen.

Zwei Unterdessen Eigelb und Zucker in einer Rührschüssel cremig rühren. In einer weiteren Rührschüssel die Sahne sehr steif schlagen. Die geschmolzene Schokolade sehr vorsichtig unter die Eimischung heben und dann die Schlagsahne unterziehen.

Drei Eine kleine Kastenform (1 kg) mit eingeölter Klarsichtfolie auslegen und mit der Creme füllen. Mit Klarsichtfolie abgedeckt mindestens 4 Stunden oder über Nacht im Gefrierschrank oder -fach fest werden lassen.

Vier Das Parfait ca. 20 Minuten vor dem Servieren aus dem Gefrierschrank nehmen. Auf eine Servierplatte stürzen und die Klarsichtfolie abziehen. Ein Messer in heißes Wasser tauchen und das Parfait in Scheiben schneiden. Auf Desserttellern mit den Himbeeren servieren.

Zabaglione

Der Eierschaum ist nicht umsonst ein Klassiker der italienischen Küche. Als Sauce zu Mokka- oder Nusseis macht er sich ebenso gut wie als Basis für ein Waldfrucht-Gratin: Dafür dann Grand Marnier statt des Marsala verwenden und mit gemischten Waldbeeren unter dem Backofengrill goldbraun backen.

1 4 Eigelb
2 4 EL feinster Zucker
3 125 ml Marsala
4 Löffelbiskuits, als Beilage

für 4–6 Personen

Eins Eigelb und Zucker in einer feuerfesten Form mit dem Handrührgerät cremig rühren. Den Marsala portionsweise einrühren.

Zwei Die Schüssel über einen Topf mit siedendem Wasser auf mittlerer Stufe unter ständigem Rühren erhitzen, bis die Mischung dick und cremig aufzugehen beginnt.

Drei Die Mischung auf Dessertgläser verteilen und warm servieren. Dazu Löffelbiskuits reichen.

Warme
Desserts

Tarte tatin

Tarte tatin ist ein französischer Apfelkuchen, bei dem die Äpfel oben karamellisieren. Am besten schichtet man die Äpfel so in die Form, dass sie von außen nach innen spiralförmig auf dem Boden liegen. Die Apfelviertel müssen so dicht gelegt werden, dass sie beim Backen nicht umfallen. Die Tarte kann auch warm verzehrt werden. Einfach vor dem Servieren 15 Minuten aufwärmen!

❶ 225 g Tiefkühlblätterteig, ausgerollt

❷ 1 kg Äpfel (Granny Smith, Boskop oder Cox Orange), ca. 6–7 Stück

❸ abgeriebene Schale und Saft von 1 unbehandelten Zitrone

❹ 100 g Butter, Zimmertemperatur

❺ 175 g brauner Zucker

für 4–6 Personen

Eins Den Backofen auf 200 °C vorheizen. Den Teig auf einer sauberen Arbeitsfläche ausrollen und daraus einen Kreis ausschneiden, der 2,5 cm größer ist als eine feuerfeste Pfanne oder runde Backform mit 24 Ø. Den Blätterteigkreis auf einem Bogen Backpapier auslegen und mindestens 30 Minuten kalt stellen.

Zwei Unterdessen die Äpfel schälen, die Kerngehäuse entfernen und die Früchte vierteln. Jedes Viertel kurz in der Hälfte des Zitronensaftes einlegen. Die Butter mit einem Kunststoff-Spatel auf dem Pfannen- oder Formboden verstreichen. Gleichmäßig mit dem braunen Zucker bestreuen und die Apfelviertel von der Außenkante her kreisförmig zur Mitte und sehr dicht auf den Pfannen- oder Formboden schichten. Auf höchster Stufe ca. 15 Minuten backen, bis die Äpfel goldbraun werden (ohne unten anzubrennen!). Vom Herd nehmen und die Äpfel mit der geriebenen Zitronenschale und dem restlichen Zitronensaft besprenkeln. Wenn die Zeit es zulässt, etwas abkühlen lassen.

Drei Den abgekühlten Blätterteigdeckel über die Äpfel legen und am Rand der Pfanne oder Form nach innen falten und fest andrücken, damit die karamellisierte Apfel-Flüssigkeit später beim Stürzen nicht ausläuft. 25–30 Minuten goldbraun backen.

Vier Die Tarte 1–2 Minuten in der Form lassen, dann am Rand der Form mit einem stumpfen Messer entlangfahren und die Tarte auf eine Servierplatte stürzen. Evtl. verschobene Äpfel mit einem Palettenmesser wieder an ihren Platz bringen und nach Möglichkeit ganz abkühlen lassen. So wird die Flüssigkeit wieder aufgenommen, und das Pektin in den Äpfeln lässt eine festere Karamellschicht entstehen. Die Tarte in Stücke teilen und diese auf vorgewärmten Desserttellern servieren.

Toffee-Gewürzkuchen

Das jemaikanische Rezept funktioniert auch mit (gekauftem oder selbstgebackenem) Marmorkuchen oder meinem Bananenbrot (siehe S. 177).

1 1 küchenfertiger Frühstücks- oder Gewürzkuchen à 400 g
2 50 g Butter
3 100 g brauner Zucker
4 125 ml heller Sirup
5 150 g Crème double, plus zusätzlich, zum Servieren (optional)

für 4 Personen

Eins Den Backofen auf 180 °C vorheizen. Den Kuchen in 10 Stücke schneiden und diese in einer Auflaufform, in die alle nebeneinander passen, leicht überlappend auslegen.

Zwei Butter, Zucker und Sirup in einen Topf geben. Die Masse zum Kochen bringen, dann herunterschalten und kurz weiterköcheln lassen. Dabei gelegentlich umrühren, bis der Zucker sich aufgelöst hat und eine leicht schäumende Karamellmasse entstanden ist.

Drei Die Crème double ins Karamell einrühren und einige Minuten weiterköcheln lassen, bis eine cremige Toffeesauce entsteht.

Vier Die Kuchenscheiben mit der Toffeesauce übergießen und 15–20 Minuten backen, bis die Sauce Blasen wirft. Nach Geschmack mit mehr Crème double sofort servieren.

Rhabarber-Biskuit

Im Winter können Sie diesen fruchtigen Biskuitkuchen auch hervorragend mit einer großen Packung Tiefkühlbeeren kombinieren.

1 700 g Rhabarber, geputzt und in mundgerechte Stücke geschnitten
2 275 g brauner Zucker
3 175 g Butter, auf Zimmertemperatur gebracht
4 3 Eier, verquirlt
5 175 g Mehl, vermischt mit 1½ TL Backpulver

für 4–6 Personen

Eins Den Backofen auf 180 °C vorheizen. Den Rhabarber in eine Auflaufform geben (in der Mitte etwas höher schichten) und mit 50–100 g braunem Zucker bestreuen. Wie viel Zucker nötig ist, hängt davon ab, wie süß der Rhabarber selbst ist – also am besten abschmecken.

Zwei Unterdessen den restlichen Zucker mit der Butter in einer Schüssel cremig rühren. Die verquirlten Eier portionsweise zugeben; nach jeder Zugabe alles gut verrühren. Die Hälfte des Mehls mit einem Metalllöffel unterziehen und den Rest portionsweise folgen lassen.

Drei Den Rhabarber in der Form vollständig mit der Biskuitmischung bedecken. Ca. 40 Minuten backen, bis der Biskuit gut aufgegangen und goldbraun ist. Sofort servieren.

Brombeer-Holunder-Streusel

Das ideale Dessert für den Herbst, wenn die Brombeeren reif sind. Der Holunderblütenlikör verleiht dieser angloamerikanischen „Crumble"-Spezialität ein sehr feines Aroma. Mit Vanillesauce oder -eis servieren.

❶ 500 g Brombeeren (oder je nach Saison andere Beerensorten)
❷ 6 EL Holunderblütenlikör
❸ 175 g Mehl
❹ 75 g Butter, gewürfelt
❺ 3 EL brauner Zucker

für 4 Personen

Eins Den Backofen auf 200 °C vorheizen. Die Brombeeren in eine Auflaufform geben und mit dem Likör beträufeln.

Zwei Das Mehl in eine Rührschüssel sieben und die Butterwürfel kräftig mit dem Holzlöffel einarbeiten, bis eine Streuselmasse entsteht. Den Zucker einrühren.

Drei Die Streusel über die Brombeeren verteilen und 25–30 Minuten backen, bis die Streusel goldbraun sind und der Brombeersaft an den Seiten zu köcheln beginnt. Heiß servieren.

Süßes Wunder

Diese überbackene Milchcreme ist ein feiner Tipp, wenn Sie einmal Lust auf etwas Süßes, aber kein frisches Obst im Haus haben.

❶ 4 Eier
❷ 600 ml Milch
❸ 100 g frische Weißbrot-Semmelbrösel
❹ 4 EL Himbeermarmelade
❺ 75 g feinster Zucker

für 4 Personen

Eins 3 Eier trennen; dabei das Eiweiß mit Klarsichtfolie abdecken und beiseite stellen. Das Eigelb in eine große Rührschüssel geben, dann das vierte Ei ganz dazugeben und gut verrühren. Die Milch und dann die Semmelbrösel zugeben.

Zwei Den Boden einer Auflaufform mit Himbeermarmelade bestreichen. Die Milchmischung darüber geben und dann 30 Minuten beiseite stellen, bis die Semmelbrösel aufquellen.

Drei Den Backofen auf 150 °C vorheizen. Die Creme 1 Stunde überbacken.

Vier Das Eiweiß steif schlagen, dann mit dem Zucker zu einer glatten Baisermasse verarbeiten. Den Baiser über die fest gewordene Creme verteilen und weitere 15–20 Minuten backen, bis der Baiser außen gebräunt ist.

Obst

Melonen-Holunder-Granita

Eine Granita ist von der Konsistenz her zwischen Getränk und Sorbet angesiedelt – und sehr erfrischend! Diese italienische Nachspeise wird eiskalt genossen und eignet sich auch wunderbar als Zwischengang, um den Gaumen nach einer würzigen Hauptmahlzeit zu erfrischen. Granita lässt sich ganz einfach in der Eismaschine herstellen – dann braucht man nur den Herstelleranweisungen zu folgen.

1 1 reife Cantaloupe- oder Honigmelone
2 4 EL Holunderblütenlikör
3 50 g feinster Zucker
4 Saft von 1 Limette
5 600 ml Mineralwasser mit Kohlensäure

für 4–6 Personen

Eins Die Melone halbieren und mit einem Teelöffel die Kerne entfernen. Das Fruchtfleisch mit einem Löffel auslösen und dann zusammen mit dem Likör, Zucker und Limettensaft in der Küchenmaschine pürieren. Mit Mineralwasser aufgießen und noch einmal gut vermischen.

Zwei Die Mischung in eine große Gefrierdose füllen und 2 Stunden tiefkühlen.

Drei Die teilgefrostete Granita aus dem Gefrierschrank nehmen und mit einer Gabel die Eiskristalle darin zerkleinern. Dann zurück in den Gefrierschrank stellen.

Vier Die Granita etwa 1 weitere Stunde tiefkühlen, dabei alle 20 Minuten herausnehmen und das Eis durchrühren. Je länger die Granita tiefgekühlt wird, desto eishaltiger wird das Ergebnis.

Fünf Wer die Granita länger im Voraus zubereiten möchte, stellt die Gefrierdose 30 Minuten vor dem Servieren in den Kühlschrank und zerdrückt noch einmal die Eiskristalle. Danach die Granita in Cocktailgläsern anrichten und mit langstieligen Löffeln auf Serviertellern reichen.

Gebackene Birnen mit Pekannüssen und Sirup

Ein perfektes Dessert für kalte Wintertage – besonders köstlich schmeckt es mit Vanillesauce. Statt des Sirups eignet sich auch flüssiger Honig.

❶ 50 g Butter, plus zusätzlich, zum Einfetten
❷ 4 große reife Birnen
❸ Saft von ½ Zitrone
❹ 25 g Pekannüsse, fein gehackt
❺ 4 EL heller Sirup

für 4 Personen

Eins Den Backofen auf 200 °C vorheizen und eine Auflaufform einfetten, in der alle Birnen halbiert nebeneinander Platz haben.

Zwei Die Birnen schälen, halbieren und die Kerngehäuse mit einem Teelöffel entfernen. Die Birnenhälften in Zitronensaft einlegen damit sie nicht braun werden, und dann mit der Schnittseite nach oben in die Form legen.

Drei Die Butter in einer Schüssel mit den Pekannüssen verrühren, dann die Aushöhlungen in den Birnenhälften damit füllen. Mit Sirup beträufeln und 25–30 Minuten backen, bis die Birnen weich sind und die Sauce unten zu köcheln beginnt. Die Birnenhälften auf Desserttellern anrichten und mit Sauce servieren.

Marmorierter Mangojoghurt

Als Kinder war für uns selbstgemachter Mangojoghurt das Größte! Wenn die Mangos reif und süß genug sind, benötigt der Joghurt auch keinen zusätzlichen Zucker. Besteht doch etwas Süßungsbedarf, einfach 1–2 TL Puderzucker einrühren.

❶ 2 reife Mangos
❷ Saft von 1 Limette
❸ 150 ml Schlagsahne
❹ 6 EL Naturjoghurt (am besten griechischer mit 10% Fett), weich gerührt
❺ Löffelbiskuits, zum Servieren

für 4 Personen

Eins Die Mangos schälen und das Fruchtfleisch in der Küchenmaschine mit dem Limettensaft zu einem glatten Püree verarbeiten.

Zwei Die Sahne in eine Schüssel geben und steif schlagen, dann den Joghurt unterziehen.

Zum Schluss das Mangopüree unterheben – dabei nicht zu stark rühren, damit eine kleine Marmorierung erhalten bleibt.

Drei Die Mischung auf Dessertgläser verteilen und 2 Stunden kalt stellen, dann mit Löffelbiskuits servieren.

Geeiste Beeren mit weißer Schokosauce

Verwenden Sie jede beliebige Sorte Tiefkühlbeeren für dieses Rezept. Das Ergebnis gelingt optisch festlicher, wenn in Martinigläsern angerichtet wird.

❶ 350 g gemischte Tiefkühlbeeren nach Geschmack

❷ 200 g weiße Schokolade

❸ 150 g Crème double

❹ 3 EL Kondensmilch

für 4 Personen

Eins Die Beeren auf vier Martinigläser verteilen und ca. 10 Minuten antauen lassen. Die Beeren sollten nicht mehr tiefgefroren, aber noch eiskalt sein.

Zwei Unterdessen die weiße Schokolade in Stücke brechen und mit Crème double und Kondensmilch in eine feuerfeste Schüssel geben. Über einem Topf mit siedendem Wasser schmelzen, dabei gelegentlich rühren, bis eine glatte weiße Sauce entsteht.

Drei Die geeisten Beeren mit der noch warmen weißen Schokoladensauce übergießen und sofort servieren.

Ananas-Carpaccio mit Chili-Maracujasirup

Dieses Dessert sollte vor dem Servieren bereits einige Stunden bei Zimmertemperatur geruht haben, damit der Sirup die Ananas richtig aromatisieren kann. Die Minzeblätter wirklich erst nach dem Abkühlen zum Sirup geben, sonst gerät er schwärzlich und unansehnlich.

❶ 1 große reife Ananas

❷ 50 g feinster Zucker

❸ 2 Maracujas

❹ ½ kleine milde rote Chili, entkernt und fein gehackt

❺ 2 EL fein zerkleinerte Minzeblätter

für 4–6 Personen

Eins Das obere und untere Ende der Ananas abschneiden, die Frucht aufrecht auf ein Schneidebrett stellen und mit einem scharfen Messer Schale und Augen gründlich entfernen. Die Ananas in so dünne Scheiben wie möglich schneiden. Eine Servierplatte oder einzelne Servierteller mit den Scheiben belegen.

Zwei 125 ml Wasser in einem kleinen Topf mit dem Zucker auf mittlerer Stufe unter Rühren zum Köcheln bringen. Vom Herd nehmen. Die Maracujas halbieren und die Fruchtkernmasse herausschaben. Diese mit der Chili in den Zuckersirup einrühren. Abkühlen lassen.

Drei Erst wenn der Sirup abgekühlt ist, die Minzeblätter einrühren und den Sirup auf dem Ananas-Carpaccio verteilen. Mit Klarsichtfolie abgedeckt beiseite stellen und. Vor dem Servieren die Klarsichtfolie entfernen.

Zum Kaffee

Marmelade-Vanille-Törtchen

Für Kinder immer eine gute Idee – geht einfach und schmeckt nach mehr!
Verwenden Sie je nach Vorliebe auch andere Marmeladensorten.

① 175 g Mehl, plus zusätzlich, zum Bestäuben
② 75 g Butter, gekühlt und gewürfelt
③ 4 EL Aprikosenmarmelade
④ 125 ml küchenfertige Vanillesauce
⑤ Puderzucker, zum Bestäuben

ergibt 12 Stück

Eins Das Mehl in eine Rührschüssel sieben und die Butterwürfel kräftig mit dem Holzlöffel einarbeiten, bis eine krümelige Masse entsteht. 2–3 Esslöffel kaltes Wasser zugeben und alles glattrühren, bis ein fester Teig entstanden ist.

Zwei Den Teig auf einer leicht bemehlten Arbeitsfläche ausrollen und kurz verkneten, dann in Klarsichtfolie wickeln und nach Möglichkeit 1 Stunde kalt stellen.

Drei Den Backofen auf 200 °C vorheizen. Den Teig von der Klarsichtfolie befreien und auf einer leicht bemehlten Fläche 3 mm dick ausrollen. Mit einem Teigrädchen oder einer Untertasse und Messer 12-cm-Kreise ausschneiden und in die gefetteten Mulden eines Muffinblechs legen.

Vier 1 TL Marmelade auf dem Boden jeder Muffin-Mulde auslegen und die Törtchen mit je 1 Teelöffel Marmelade und 1 EL Vanillesauce füllen. 25–30 Minuten goldbraun backen.

Fünf Die Törtchen aus dem Backofen nehmen und mit Puderzucker bestäuben, dann vor dem Servieren mindestens 15 Minuten abkühlen lassen.

Bananenbrot

Bei diesem süßen Brotrezept handelt es sich schon eher um einen Kuchen. Je reifer die Bananen, desto besser schmeckt es – unwiderstehlich auch in Scheiben geschnitten mit Karamellsauce und einer Kugel Vanilleeis … Einen feinen Nussgeschmack steuern 50 g gehackte Pekannüsse oder Walnüsse bei.

① 4 reife Bananen
② 225 g Mehl, vermischt mit 2 TL Backpulver
③ 200 g brauner Zucker
④ 100 g Butter
⑤ 2 Eier

ergibt 1 Laib

Eins Den Backofen auf 150 °C vorheizen. Die Bananen schälen und grob zerkleinern. In der Küchenmaschine mit Mehl, Zucker, Butter und Eiern rasch zu einem glatten Teig verarbeiten.

Zwei Den Teig in eine Kastenform (1 kg) füllen und 1¼ Stunden backen, bis der Kuchen aufgegangen ist. 15 Minuten ruhen lassen und auf einen Kuchenteller stürzen. In Scheiben schneiden und warm oder kalt servieren.

Englische Scones

Diese traditionell zur britischen „Tea Time" gereichte Köstlichkeit kann man im Backofen bei 220 °C 10–12 Minuten backen, aber alternativ lassen sich die Scones auch in einer Grillpfanne zubereiten. Klassisch gehören Butter und Marmelade dazu … aber auch etwas Schlagsahne ist nicht zu verachten!

1. 225 g Mehl, vermischt mit 2 TL Backpulver, plus zusätzlich, zum Bestäuben
2. 100 g Butter, plus zusätzlich, zum Bestreichen
3. 50 g feinster Zucker
4. 1 Ei, verquirlt
5. 2 EL Milch
& eine Prise Salz

ergibt 8 Stück

Eins Mehl und Salz in eine Rührschüssel sieben und 50 g Butter kräftig mit dem Holzlöffel einarbeiten, bis eine krümelige Masse entsteht.

Zwei Den Zucker in die Mehlmischung einstreuen und in die Mitte eine Mulde drücken. Ei und Milch in die Mulde fließen lassen. Vorsichtig zu einem glatten Teig verrühren.

Drei Die Arbeitsfläche leicht bemehlen und den Teig darauf 1 cm dick ausrollen. Die Scones mit einem runden Ausstecher (6 cm Ø) ausstechen. Die Teigreste zu einer Kugel verkneten, diese wieder ausrollen und neue Scones ausstechen, bis 8 Stück ausgestochen sind.

Vier Eine Grillpfanne oder große Bratpfanne auf mittlerer Stufe erhitzen. Etwas Butter darin zerlassen und so viele Scones hineinlegen, wie die Pfanne fasst. Die Scones von jeder Seite ca. 5 Minuten goldbraun ausbacken. Auf einem Kuchengitter abkühlen lassen, während der restliche Teig bäckt.

Fünf Die fertig gebackenen Scones aufschneiden und mit Butter und Marmelade nach Geschmack bestreichen. Auf einer Servierplatte oder kleinen Tellern anrichten.

Karamell-Schoko-Brownies

Ein besonders fürs Kochen mit kleineren Kindern geeignetes Rezept, denn es gibt fast auf der Stelle Resultate zu bewundern. Hübsch verpackt sind diese einfachen Brownies auch ein feines Mitbringsel.

1. 4 Karamell-Schokoriegel à 50 g
2. 4 EL heller Sirup
3. 100 g Butter
4. 50 g Frühstücksflocken aus Puffreis
5. 100 g Vollmilchschokolade, in Stücke gebrochen

ergibt 12 Stück

Eins Die Schokoriegel in kleine Stücke schneiden. Mit dem Sirup und 75 g Butter in einen beschichteten Topf geben. Auf mittlerer Stufe 3–4 Minuten schmelzen, dann glattrühren.

Zwei Die Puffreisflocken unter die Schokoriegelmasse ziehen. Alles auf einem kleinen, mit Backpapier ausgelegten Backofenblech ca. 15 cm weit gleichmäßig verstreichen.

Drei Die Schokolade zusammen mit der restlichen Butter in einer feuerfesten Schüssel über einem Topf mit siedendem Wasser schmelzen. Gleichmäßig über die Browniemasse streichen und mindestens 1 Stunde beiseite stellen. Dann die Brownies in Rechtecke schneiden und auf Desserttellern servieren.

Zitronen-Mürbeteig-Ecken

Diese Mürbeteig-Ecken kombinieren den typischen Buttergeschmack mit einer frischen Zitrusnote. Das Gebäck zergeht buchstäblich auf der Zunge.

1. 150 g Mehl
2. 3 EL Reismehl (erhältlich in Asia-Märkten)
3. 50 g feinster Zucker, plus zusätzlich, zum Bestäuben
4. abgeriebene Schale von 1 unbehandelten Zitrone
5. 100 g Butter, auf Zimmertemperatur gebracht

ergibt 8 Stück

Eins Den Backofen auf 160 °C vorheizen. Mehl und Reismehl in eine Rührschüssel sieben. Zucker und Zitronenschale zugeben und die Butter mit den Fingern in den Teig einkneten – die trockenen Zutaten dabei langsam Stück für Stück einarbeiten. Dann die Mischung in eine rechteckige Backform (20 cm) füllen, oben mit einer Gabel mehrfach einstechen und die Ränder mit den Fingern oben gut festdrücken.

Zwei Den Mürbeteig im Backofen ca. 40 Minuten goldgelb backen. Aus dem Backofen nehmen und in acht Dreiecke einteilen. 5 Minuten abkühlen lassen und auf ein Kuchengitter stellen. Den abgekühlten Teig mit Zucker bestäuben und in Dreiecke schneiden. Die Ecken auf Desserttellern servieren.

Brot

Schiacciata (toskanisches Oliven-Rosmarin-Brot)

Schiacciata bedeutet auf Italienisch „zerdrückt" oder „abgeflacht", und so ist auch das Brot dieses Namens ein toskanisches Fladenbrot. Der Teig ähnelt sehr der Focaccia aus anderen italienischen Regionen. Hier ist er mit Oliven angereichert, aber zerkleinerte sonnengetrocknete Tomaten oder Streifen aus Röstpaprika würden auch zu guten Ergebnissen führen.

❶ 1 TL Trockenhefe

❷ 450 g Mehl, plus zusätzlich, zum Bestäuben

❸ 1 frischer Rosmarinzweig

❹ 300 g eingelegte schwarze Oliven, abgegossen

❺ Salz, zum Bestreuen; ca. 125 ml natives Olivenöl extra, plus etwas zusätzlich

für 4–6 Personen

Eins Hefe und Mehl in einer großen Schüssel vermengen. In die Mitte eine Mulde drücken und 300 ml lauwarmes Wasser sowie 5 Esslöffel Olivenöl hineingießen. Dann alles gründlich zu einem weichen Teig verrühren.

Zwei Den Teig auf einer leicht bemehlten Fläche ca. 10 Minuten glattkneten. Den Teig dann in eine geölte Schüssel geben, mit geölter Klarsichtfolie abdecken und an einem warmen Ort ca. 1 Stunde gehen lassen, bis der Hefeteig doppelt so hoch aufgegangen ist.

Drei Den Teig wieder auf eine leicht bemehlte Fläche geben und weitere 2–3 Minuten kneten. Dann zu einem großen Rechteck von ca. 1 cm Dicke ausrollen. Auf einen Bogen Backpapier legen und wieder mit geölter Klarsichtfolie abdecken. Erneut 20 Minuten gehen lassen.

Vier Den Backofen auf 220 °C vorheizen. Die Rosmarinzweige von den Blättern befreien. Den aufgegangenen Teig überall mit einer Gabel einstechen und die Oliven gleichmäßig über den Teig verteilen, dann mit Rosmarin und Salz bestreuen. Mit dem restlichen Öl beträufeln und ca. 30 Minuten goldbraun backen. Das fertige Brot auf einem Kuchengitter abkühlen lassen und mit Olivenöl beträufeln, um die Kruste weich zu halten. Zum Servieren in Stücke schneiden.

Walnuss-Rosinen-Brot

Der frische Duft und Geschmack eines selbstgebackenen Brotes sind ein unschlagbares Willkommenssignal. Diese kleinen Laibe sind zum Frühstück sehr lecker und eignen sich auch für ein wunderbares Sandwich mit Frischkäse und Rucola.

① 550 g Mehl, plus zusätzlich, zum Bestäuben
② 50 g Butter, plus zusätzlich, zum Bestreichen
③ 1 Packung Trockenhefe
④ 100 g Walnüsse, grob gehackt
⑤ 50 g Rosinen
& 1 TL Salz; Sonnenblumenöl, zum Einfetten

ergibt 2 Laibe

Eins Mehl und Salz in eine große Rührschüssel sieben und die Butterwürfel kräftig mit dem Holzlöffel einarbeiten, bis eine krümelige Masse entsteht. Mit Hefe, Walnüssen und Rosinen gleichmäßig glattrühren.

Zwei In die Mitte der trockenen Zutaten eine Mulde drücken und 350 ml lauwarmes Wasser hineingeben. Alles rasch zu einem glatten Teig verarbeiten, dann auf einer leicht bemehlten Arbeitsfläche 10 Minuten weiterkneten. Die Teigkugel in eine geölte Schüssel geben, mit geölter Klarsichtfolie abdecken und an einem warmen Ort ca. 1 Stunde gehen lassen, bis der Teig doppelt so hoch aufgegangen ist.

Drei Den Teig halbieren und jedes Stück zu einem kleinen Laib formen. Auf Backpapier legen und beide Laibe mit einem frischen angefeuchteten Küchenhandtuch bedecken. An einem warmen Ort noch einmal ca. 30 Minuten gehen lassen.

Vier Den Backofen auf 220 °C vorheizen. Das Küchenhandtuch entfernen und die Brotlaibe oben mit einem scharfen Messer einschneiden. 10 Minuten backen, dann auf 190 °C herunterschalten und weitere 25–30 Minuten backen, bis die Laibe hohl klingen, wenn man auf den Boden klopft.

Fünf Die Brote auf einem Kuchengitter vollständig abkühlen lassen. In Scheiben geschnitten am Tisch servieren, dazu Butter zum Bestreichen reichen.

Kartoffelbrötchen

Hier sah man früher eine gute Verwendungsmöglichkeit für übrig gebliebenen Kartoffelbrei, aber ganz frisch zubereitet schmecken die Brötchen natürlich noch besser. Mit Spiegelei und Speck ergeben sie eine nahrhafte kleine Mahlzeit. Den Teig nicht zu lange kneten, damit er nicht zäh gerät.

❶ 500 g mehlige Kartoffeln, geschält
und in Stücke geschnitten

❷ 50 g Butter, plus etwas zusätzlich, zum Bestreichen

❸ 175 g Mehl, plus zusätzlich, zum Bestäuben

& ½ TL Salz; etwas Sonnenblumenöl

für 4 Personen

Eins Die Kartoffeln in einem Topf mit kochendem Salzwasser 15–20 Minuten weich kochen. Abgießen, wieder in den leeren Topf geben und dort einige Minuten trocknen lassen. Dann zerdrücken oder stampfen und mit Butter und Salz zu einem glatten Püree verrühren.

Zwei Das Mehl in den Kartoffelbrei sieben und rasch zu einem glatten Teig verarbeiten. Auf einer leicht bemehlten Arbeitsfläche ausrollen, dann den Teig halbieren und 5 mm dick ausrollen. In vier Teile schneiden und den Vorgang mit dem restlichen Teig wiederholen.

Drei Eine flache Grill- oder Bratpfanne erhitzen. Ein wenig Sonnenblumenöl auf dem Boden verlaufen lassen und darin die Brötchen 2–3 Minuten von jeder Seite goldbraun ausbacken. Wiederholen, bis alle Brötchen fertig gebacken sind. Die Brötchen mit ein wenig Butter bestreichen und auf einer Servierplatte zum Hauptgericht reichen.

Karibisches Klatsch-Brot

Dieses Fladenbrot stammt aus dem karibischen Raum, wo es traditionell mit Eintopf oder Curry serviert wird. Mit dem Händeklatschen am Schluss soll erreicht werden, dass das Brot weicher wird. Zum Servieren einige Löffel eines Currygerichts nach Wahl in den Fladen einrollen.

❶ 225 g Mehl, plus zusätzlich, zum Bestäuben

❷ 1 TL Backpulver

❸ 50 g Butter, gekühlt und gewürfelt

& 1 TL Salz; Pflanzenöl oder geklärte Butter, zum Bestreichen

für 4 Personen

Eins Mehl, Backpulver und Salz in eine Schüssel sieben und die Butterwürfel kräftig mit dem Holzlöffel einarbeiten, bis eine krümelige Masse entsteht. In die Mitte eine Mulde drücken und 6 Esslöffel Wasser hineingeben, dann alles zu einem glatten, weichen Teig verrühren. In einer Schüssel mit Klarsichtfolie abdecken und an einem warmen Ort 30 Minuten gehen lassen.

Zwei Den Teig auf eine leicht bemehlte Arbeitsfläche legen und kurz verkneten, dann zu vier Kugeln formen. Den Teig dann flach drücken und 5 mm dick zu ca. 23 cm großen Kreisen ausrollen. Die Kreise mit Öl oder geklärter Butter bestreichen, zu Hälften und dann zu Vierteln umklappen, dann wieder zu Kugeln formen und in derselben Größe ausrollen.

Drei Eine flache Grill- oder Bratpfanne auf mittlerer Stufe erhitzen. Die Fladenbrote abwechselnd mit mehr Öl oder geklärter Butter bestreichen, wieder in die Pfanne geben und 3–4 Minuten unter häufigem Wenden und erneutem Bestreichen mit Fett ausbacken.

Vier Die Fladen aus der Pfanne nehmen, kurz abkühlen lassen und dann jeden Fladen in die Hand nehmen und damit rasch drei- oder viermal in die Hände klatschen. Die fertigen Fladen in ein frisches Küchenhandtuch schlagen, während die restlichen Brote ausbacken. Mit einem Currygericht nach Wahl servieren.

Irisches Buttermilchbrot

Ein ganz schnell zubereitetes Rezept aus Irland, das statt mit Hefe oder Backpulver mit Natron als Backtriebmittel arbeitet. Mit etwas Butter und selbstgemachter Marmelade oder einem Stück irischem Weichkäse wie Cashel schmeckt es einfach himmlisch. Statt der Buttermilch kann auch gewöhnliche Milch mit dem Saft einer Zitrone vermischt werden.

- **1** 450 g Vollkornmehl
- **2** 100 g Mehl, plus zusätzlich, zum Bestäuben
- **3** 1 TL Natron
- **4** 50 g Weizenkeime
- **5** 500 ml Buttermilch, plus etwas zusätzlich, falls nötig
- **&** 1 TL Salz

ergibt 1 Laib

Eins Den Backofen auf 230 °C vorheizen. Beide Mehlsorten, Natron und Salz in eine Schüssel sieben. Die Reste des Vollkornmehls zusammen mit den Weizenkeimen zugeben.

Zwei In die Mitte eine Mulde drücken und die Buttermilch hineingießen. Mit einem großen Holzlöffel rasch, aber vorsichtig zu einem Teig verrühren, der schwer vom Löffel fällt. Bei Bedarf mehr Buttermilch zugeben.

Drei Den Teig auf eine leicht bemehlte Arbeitsfläche legen und kurz vorsichtig verkneten, dann zu einem Laib formen. Auf Backpapier legen und den Brotlaib oben mit einem scharfen Messer einschneiden. 15 Minuten backen, dann auf 200 °C herunterschalten und weitere 20–25 Minuten backen, bis es hohl klingt, wenn man auf den Boden klopft.

Vier Das Brot auf einem Kuchengitter 20 Minuten abkühlen lassen. Nicht länger, denn am besten schmeckt das Brot noch warm. Sofort in Scheiben schneiden und servieren.

Register

Danksagung

Ich freue mich immer, am Ende die Danksagung zu schreiben, denn so werde ich an all die Unterstützung erinnert, die ich von Kollegen und Mitarbeitern bekommen habe. Es ist nicht übertrieben, wenn ich sage, ohne sie wäre dieses Buch unmöglich zustande gekommen.

Also zunächst ein dickes Dankeschön an meine einfallsreiche Freundin Orla Broderick. Meiner Herausgeberin Muna Reyal danke ich für ihre Hilfe, ermutigenden Worte und ihre Expertise rund um Salz, Pfeffer und Öl. Danke an Caroline McArthur für ihr unerschütterliches Verständnis ebenso wie an das restliche Team bei BBC Books.

Ein großes Dankeschön geht an meinen Food-Stylisten Stephen Parkins-Knight für seine Energie, Begeisterung, tolle Musik und seine Liebe zum Detail im Fotostudio und an unsere Fleischer und Fischhändler, besonders Allan und Carl sowie Ross von „Stephen's" für ihre fabelhaften Produkte.

Caroline vom Hop Shop bei Castle Farm gebührt ein Dankeschön für die Weizenähren. Meinem Food-Fotografen Dan Jones danke ich für seine sensationellen Bilder, Colin Bell für seine Portraitfotos und all den lieben Menschen und Tieren bei Smith & Gilmour, besonders Alex Smith, Emma Smith und Katrin Smejkal für ihre wunderschöne Design-Arbeit. Meinen Agenten Jeremy Hicks, Sarah Dalkin und meinen Freunden bei JHA danke ich natürlich auch – ihr seid die Besten!

Danke an meine Frau Clare und unsere wunderbaren Kinder Jimmy und Maddie, die sich brav durchs ganze Buch gegessen haben, außerdem an den kleinen Joe und an meinen lieben alten Hund Oscar Poska.

Über Ainsley Harriott

„No fuss" – Kochen muss weder teuer noch aufwändig sein! So wie das Motto von Ainsley Harriott sind auch seine Rezeptideen: Gerichte aus preiswerten Zutaten, einfach und schnell zuzubereiten, aber mit Pfiff. Der beliebte und temperamentvolle BBC-Fernsehkoch mit jamaikanischen Wurzeln verkörpert wie wohl kaum ein anderer die Überzeugung, dass Kochen Spaß macht. Wie Ainsley Harriott selbst ist auch sein Rezept-Repertoire weltoffen und von vielen Einflüssen geprägt. Sein Kochbuch-Bestseller Meals in Minutes hat bereits eine Auflage von über 250.000 Büchern erreicht, und die Gesamtmenge seiner verkauften Kochbücher übersteigt 2 Millionen Exemplare.
www.ainsley-harriott.co.uk